"十三五"职业教育规划教材

车载信号设备检修
Chezai Xinhao Shebei Jianxiu

孙艳英 **主　编**

王　鹏 [石家庄市轨道交通有限责任公司] **主　审**

人民交通出版社股份有限公司
China Communications Press Co.,Ltd.

内 容 提 要

本书为"十三五"职业教育规划教材。其主要内容包括:城市轨道交通信号系统、车载信号系统、车载信号设备、车载信号设备维护与检修及车载信号系统故障处理五个项目,每个项目包括知识目标、能力目标、重点掌握、任务准备、基础理论、任务实施及复习思考题环节,不但注重"学"的过程,还强调"做"的重要性。

本书可供城市轨道交通通信信号技术专业以及其他相关专业职业院校师生使用,也可供城市轨道交通运营企业设备运维人员参考。

* 本书配有教学课件,读者可通过加入职教轨道教学研讨群(教师专用 QQ 群:129327355)索取。

图书在版编目(CIP)数据

车载信号设备检修/孙艳英主编.
—北京:人民交通出版社股份有限公司,2018.9
ISBN 978-7-114-14886-6

Ⅰ.①车… Ⅱ.①孙… Ⅲ.①轻轨车辆—信号设备—设备检修 Ⅳ.①U270.9

中国版本图书馆 CIP 数据核字(2018)第 158679 号

"十三五"职业教育规划教材

书　　名:	车载信号设备检修
著 作 者:	孙艳英
责任编辑:	司昌静
责任校对:	孙国靖
责任印制:	张　凯
出版发行:	人民交通出版社股份有限公司
地　　址:	(100011)北京市朝阳区安定门外外馆斜街 3 号
网　　址:	http://www.ccpress.com.cn
销售电话:	(010)59757973
总 经 销:	人民交通出版社股份有限公司发行部
经　　销:	各地新华书店
印　　刷:	北京印匠彩色印刷有限公司
开　　本:	787×1092　1/16
印　　张:	7.75
字　　数:	190 千
版　　次:	2018 年 9 月　第 1 版
印　　次:	2018 年 9 月　第 1 次印刷
书　　号:	ISBN 978-7-114-14886-6
定　　价:	26.00 元

(有印刷、装订质量问题的图书由本公司负责调换)

城市轨道交通信号系统是保障运营安全,实现行车指挥和列车运行自动化,提高城市交通运输效率的控制系统。车载信号系统作为轨道交通信号系统的关键组成部分,直接负责列车的运行控制,对列车安全运行具有重要作用。

城市轨道交通建成后,设备的维护保养对其安全有效运行至关重要。城市轨道交通设备的维护保养是一项非常复杂的系统工程,涉及很多种设备,如地面信号设备、车载信号设备、线路设备、供电设备、机电设备等。其中,信号系统是行车指挥和列车运行的控制设备,是确保行车安全,提高运输效率的关键部分,只有高水平的信号系统才能充分发挥其他技术设备的能力。车载信号系统是列车自动防护系统的核心设备,它能实现信号资源共享、对列车运行速度进行监督、对列车运行方向进行监控及进路联锁等功能。车载信号设备发生故障会带来一系列影响,如列车运行不能实现自动控制、不能实现自动走行控制、不能实现精确停车、不能自动开关门、不能自动折返、不能自动调整运行、无法达到规定的运行速度和行车间隔。为了避免车载信号设备出现故障后对行车安全及人身安全造成影响,检修人员必须定期对设备进行维护保养与检修,且必须遵守故障处理流程、注意事项、安全守则等规定,并应熟知故障处理手册以便能安全、正确地进行作业。

随着城市轨道交通行业的迅猛发展,信号设备的种类和数量不断增加,需要的维修技术人员也大量增加。而专门介绍车载信号设备检修的书很少,本书正是基于这种教学需求应运而生的,既填补了这方面的空白,同时也希望能为维修技能人员提供学习参考。

本书采用校企合作的编写模式。作者在河北轨道运输职业技术学院城市轨道交通系于欣杰主任的带领下前往成都地铁公司现场学习,经过长时间的理论联系实际,学习最新的车载信号设备及检修相关技能,为本书的编写提供了大量素材。本书囊括了城市轨道交通信号系统、车载信号系统及车载信号设备检修相关知识,内容实用,针对性较强。

全书分为城市轨道交通信号系统概述、车载信号系统概述、车载信号设备概述、车载信号设备维护与检修及车载信号系统故障处理五个项目,每个项目包括教学目标、知识要点、能力目标、重点掌握、任务准备、基础理论、拓展提高、任务实施及复习思考题环节,不但注重"学"的过程,还强调"做"的重要性,希望既能为学生提供一定的理论知识,又能为学生的信号设备维护保养及检修能力提供有针对性的训练。

本书的编写团队由石家庄地铁公司、南京地铁公司和北京铁路局经验丰富的在职在岗技术人员及从事城市轨道交通职业教育教学工作的专业教师组成,编写人员在各自领域都具有扎实的专业知识、丰富的教学经验以及现场实践经验。本书由河北轨道运输职业技术学院孙艳英担任主编,负责全书框架、编写思路的设计及统稿、校对工作。石家庄市轨道交通有限责任公司王鹏担任主审,对本书的整体结构及内容提出了许多中肯的意见。全书共5个项目17个任务,分工如下:项目一和项目二由国冬梅和孙艳英编写,项目三和项目四由李强编写,项目五由孙艳英编写,冯硕在本书整体框架及构想等方面做了大量工作,易鹏和张鹏图在材料收集等方面做了大量工作。

在本书编写过程中,得到了河北轨道运输职业技术学院城市轨道交通系于欣杰主任的大力支持与帮助,在此表示诚挚的谢意!同时得到了南京地铁、天津地铁、成都地铁、石家庄地铁及北京铁路局等单位的大力支持,在此表示衷心的感谢!本书参考了城市轨道交通相关教材及文献资料,在此谨向各位作者及部门表示感谢。对本书编写过程中予以帮助的北京交通大学师生表示感谢。

由于城市轨道交通信号系统复杂,新设备不断得到应用,很难将相关资料收集齐全,且编者水平有限,对车载信号设备检修的认识和分析尚有不足,恳请读者和同行予以指正,提出宝贵意见。

作　者
2018 年 3 月

目录

模块一　城市轨道交通信号系统 ·· 1
　单元一　城市轨道交通信号系统功能 ·· 1
　单元二　城市轨道交通信号系统特点 ·· 5
　单元三　城市轨道交通信号系统种类 ·· 10
　单元四　城市轨道交通信号系统组成 ·· 16
　单元五　城市轨道交通信号系统设备 ·· 21
　复习思考题 ··· 35

模块二　车载信号系统 ·· 36
　单元一　车载信号系统组成 ··· 36
　单元二　车载信号系统作用 ··· 40
　单元三　车载信号系统原理 ··· 47
　复习思考题 ··· 51

模块三　车载信号设备 ·· 52
　单元一　车载信号设备组成 ··· 52
　单元二　车载信号设备的应用 ·· 65
　复习思考题 ··· 71

模块四　车载信号设备维护与检修 ·· 72
　单元一　车载信号设备的故障分析及维修技术 ································· 72
　单元二　车载信号设备的维护与故障处理 ······································ 76
　单元三　常用检修工具及仪器仪表的使用 ······································ 86
　复习思考题 ··· 93

模块五　车载信号系统故障处理 ··· 94
　单元一　车载信号系统故障处理管理 ··· 95
　单元二　车载信号系统故障影响 ··· 102

单元三　车载信号设备故障处理流程 ………………………………… 105
　　单元四　常见故障分析处理 …………………………………………… 109
　　复习思考题 ………………………………………………………………… 114
附录　车载信号设备故障案例 ……………………………………………… 115
参考文献 ………………………………………………………………………… 118

模块一　城市轨道交通信号系统

知识目标

1. 掌握城市轨道交通信号系统的功能。
2. 了解城市轨道交通信号系统的特点。
3. 掌握城市轨道交通信号系统的分类。
4. 掌握城市轨道交通信号系统的组成。

能力目标

1. 能正确描述城市轨道交通信号系统的功能。
2. 能正确描述城市轨道交通信号系统的特点。
3. 能正确描述城市轨道交通信号系统的分类。
4. 能正确说出城市轨道交通信号系统的基本构成。

重点掌握

1. 城市轨道交通信号系统的组成。
2. 城市轨道交通信号系统的分类。

单元一　城市轨道交通信号系统功能

教学准备

1. 城市轨道交通信号实训室或车间现场。
2. 教学用的 PPT、视频及相关教学引导资料。

基础知识

城市轨道交通信号系统是一套集行车指挥和列车运行自动化于一体的自动控制系统，是保证行车安全，实现列车高效运行、有序指挥管理的关键系统。

不同阶段不同城市的轨道线路采用了不同供货商、不同制式的信号系统。随着计算机技术、通信技术和控制技术的不断发展，信号系统也发生了重大变化，由以往的轨旁地面信号系统，变为现在的车载信号系统。目前，基于无线通信的 CBTC 信号系统成为城市轨道交通信号系统的首选。

城市轨道交通信号系统又称为列车自动控制(Automatic Train Control)系统,简称 ATC 系统。它由列车自动防护子系统(Automatic Train Protection,简称 ATP)、列车自动运行子系统(Automatic Train Operation,简称 ATO)、列车自动监控子系统(Automatic Train Supervision,简称 ATS)、计算机联锁子系统(Computer Interlocking,简称 CI)构成。四个子系统之间通过数据通信网连接,车地采用无线通信进行信息交换,各子系统之间相互渗透,构成一个以"故障—安全"技术为基础,具备行车指挥、运行调整以及列车驾驶自动化功能,实现地面控制与车载控制相结合、现地控制与中央控制相结合的综合控制系统。

一、列车自动防护(ATP)子系统

ATP 子系统是 ATC 系统安全的核心。该系统由地面设备、车载设备组成,是保证行车安全、提高运输效率的重要设备,具有自检和自诊断能力。ATP 子系统功能主要如下:

(1)安全可靠的列车位置检测。

(2)列车间安全距离的控制,满足设计行车间隔和折返间隔。

(3)具有测速和紧急制动功能。车载信号设备通过计算速度曲线来保证列车在允许速度范围内运行;具备超速防护功能,若超过允许速度,则实施紧急制动。

(4)安全可靠的车门和站台屏蔽门控制。

(5)实现列车溜车及退行的监控。

(6)具有人工或自动轮径磨耗补偿功能。

(7)实现与 ATO、ATS、CI 子系统的接口和信息交换功能。

(8)实现列车运行速度、列车限制速度、目标速度、目标距离等信息的记录和显示。

二、列车自动运行(ATO)子系统

ATO 子系统是控制列车自动运行的设备,包括车载 ATO 单元和地面设备两部分。在 ATP 系统的保护下,根据 ATS 系统的指令实现列车的自动驾驶。ATO 子系统功能主要如下:

(1)实现列车的自动驾驶和自动折返。

(2)监督车门和站台屏蔽门均已关闭后,才允许列车起动。

(3)根据车站站台的位置、列车运行方向以及该模式下列车停车精度要求,在 ATP 保护下进行站台侧车门和屏蔽门的自动控制,实现车站站台定点停车功能。

(4)实现与 ATS、ATP 子系统通信,在 ATS、ATP 的监控下实现车地双向通信,使得在线列车处于 ATS 子系统的实时监控下。

(5)自动折返时,实现列车两端车载设备自动切换。

(6)确保列车达到设计追踪运行速度和间隔距离时能够对列车运行进行自动调整和节省能源控制。

三、列车自动监控(ATS)子系统

ATS 子系统主要实现城市轨道线路中列车运行的监督和控制功能,由控制中心 ATS 子系统、车辆段 ATS 子系统、车站 ATS 子系统以及车载设备组成。ATS 子系统基本功能如下:

（1）实现列车自动识别跟踪及传递功能。该系统能自动完成列车自动追踪运行,列车识别号可由 ATS 自动生成,也可通过车地通信由列车向 ATS 发送识别号。

（2）实现列车运行调整功能,当偏离时间不大时,系统自动调整列车运行时间;当偏离时间较大或出现特殊情况时,需由行车调度员进行人工在线调整。

（3）时刻表的编制与管理功能。

（4）ATS 子系统与其他子系统相结合,实现进路的中心自动控制、车站自动控制,当车站有行车危险时,工作人员进入车站进行人工控制。

（5）提供模拟演示功能,用于参观及培训。

（6）实现列车运行和系统设备的实时监视功能。

（7）ATS 控制中心计算机根据编制的时刻表及列车的实际运行情况可自动产生运行计划和实绩运行图。

（8）实现 ATS 子系统与其他系统的信息交互功能。

（9）实现向司机提供车站发车时机及早晚点提示的功能。

（10）自动产生与列车运行有关的报表,并根据要求显示或打印。

四、计算机联锁(CI)子系统

CI 子系统在满足故障—安全的基础上,实现轨道电路、信号机、道岔之间的正确联锁,保证列车运行安全。其结构如图 1-1 所示。

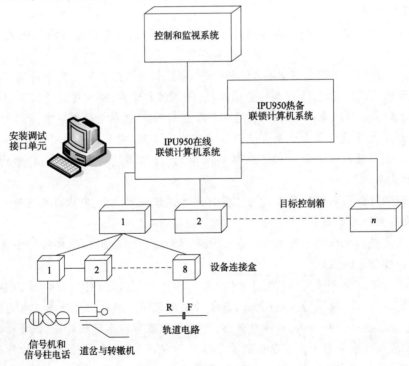

图 1-1　计算机联锁子系统

其主要功能如下:

（1）实现进路上轨道区段、信号机、道岔的联锁功能,确保联锁关系正确。

（2）具有自动排列进路功能，包括通过进路和自动折返进路。

（3）正常进路防护功能及 ATP 保护区段防护功能。

（4）在控制范围内，联锁系统能够对道岔和信号设备实行单独控制，并能实施封锁。

（5）实现区间临时限速功能。

（6）正线联锁设备可实现站间闭塞，仅限于列车运行的正方向。

（7）能向 ATP 子系统和 ATS 子系统提供轨道区段、保护区段、列车进路、信号机状态以及区间运行方向等相关信息。

（8）能够在控制中心和维修中心进行远程故障诊断操作。

（9）能够完成与联络线的特殊接口功能，对接口对象进行正确监控。

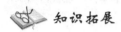

屏 蔽 门

一、屏蔽门概述

屏蔽门安装于车站的站台边缘，是站台区与轨道区隔离的屏障。屏蔽门整体结构有一定的强度、刚度和抗疲劳度，不因人群挤压、隧道活塞风压等压力而变形，满足全年365天、每天连续20小时、每90秒钟开关一次的运行强度。屏蔽门应进行防漏电和绝缘处理，并采用安全玻璃，防止造成乘客意外伤害。

二、屏蔽门种类

屏蔽门分为全高屏蔽门和半高屏蔽门。其中，全高屏蔽门又分为全高封闭式和全高非封闭式两种类型。

全高封闭式屏蔽门多用于有空调系统的地下车站，采用从站台到顶棚全封闭的结构。优点是防止人员和物品跌落轨道，节约车站空调能耗，降低列车噪声，减少隧道活塞风吹吸乘客并将轨道杂物吹入站台。缺点是初期投资大，后期维护费用高，隧道热量散发困难，列车功率消耗大。

全高非封闭式屏蔽门多用于没有空调系统的地下车站，空气通过敞开的上部在站台与轨道间流通。半高屏蔽门多用于地面车站与高架车站，门体高度不小于1.2m，结构简单，造价低，维修养护费用低。

全高非封闭屏蔽门与半高屏蔽门的主要作用是保证乘客安全，所以也称安全门。

三、屏蔽门系统基本组成

屏蔽门系统包括机械部分和电气部分。机械部分由门体结构和门机结构组成，电气部分由电源系统和控制系统组成。

屏蔽门的门体主要有固定门（FIX）、滑动门（ASD）、应急门（EED）、端门（PED）四种。固定门是固定于站台的玻璃隔墙，不能打开，设于滑动门之间。滑动门是列车正常运营时乘客上下车的通道，一般为中分双开式，可滑动开启，数量和位置与列车门相对应，正常情况与列车门联动，非正常情况可手动打开。应急门供紧急情况时使用，不能自动开闭，平时作为固定门使用，在单侧站台设置不少于两处，站台每端各设置一处。端门位于站台两端，与侧向屏蔽门、屏蔽门设备室构成一个全封闭的系统，用于站台与轨道之间进出，只能手动打开。屏蔽门的门机是开启与关闭滑动门的执行机构，包括驱动机构、传动机构、锁紧机构等。

四、屏蔽门控制级别

屏蔽门控制系统主要由中央控制盘(PSC)、就地控制盘(PSL)、门控器(DCU)等组成。中央控制盘是车站屏蔽门的控制中心,布置在屏蔽门设备室内。就地控制盘是控制单侧屏蔽门站台的就地控制装置,布置在每侧站台出站端。门控器是对单个门单元进行监控的装置,每个滑动门配置一个,安装在门体上部的顶盒内。屏蔽门操作共分五级,优先权从低到高依次为:由信号系统(SIG)对屏蔽门进行开关控制、由就地控制盘对屏蔽门进行开关控制、通过综合监控后备盘(IBP)对屏蔽门进行开关控制、通过就地控制盒(LCB)对屏蔽门进行开关控制、站台侧使用钥匙或轨道侧使用把手就地手动操作。

 任务实施

1. 对本任务理论知识进行整理归纳,明确学习目标,准备教学参考资料。
2. 学生分组制订学习计划,预习下一个任务的相关知识。
3. 各小组讨论城市轨道交通信号系统各子系统功能。
4. 各小组交流并汇报学习结果。
5. 填写如下任务实施考核评价表。

任务实施考核评价表

考核内容	分值	标　准	学生自评	小组互评	教师评定
列车自动防护子系统的功能	20	能熟练说出列车自动防护子系统的功能			
列车自动运行子系统的功能	20	能准确说出列车自动运行子系统的功能			
计算机联锁子系统的功能	20	能熟练说出计算机联锁子系统的功能			
列车自动监控子系统的功能	20	能熟练说出列车自动监控子系统的功能			
遇到问题时的应急处理能力	10	是否能及时反馈问题信息			
讨论问题的表现	10	态度是否端正、参与性是否积极			
成绩					
总成绩					

单元二　城市轨道交通信号系统特点

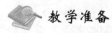 **教学准备**

1. 城市轨道交通信号实训室或车间现场。
2. 教学用的 PPT、视频及相关教学资料。

 基础知识

一、城市轨道交通信号系统基本特点

城市轨道交通信号系统基于轨道交通行车间隔小、对列车运行速度监控要求高以及列车运行速度低等特点，与铁路信号系统的制式相比有一定的区别。城市轨道交通信号系统的特点有：

1. 自动化程度高

相比较铁路线路而言，城市轨道交通的线路短，站间距离短，列车类别单一，行车规律性非常高，所以它的信号系统中通常包括自动化水平较高的自动排列进路和运行自动调整的功能，人工干预较少。

2. 具备完善的列车速度监控功能

相比较铁路交通而言，城市轨道交通客运量大，所以对行车最小间隔的要求要高于铁路，行车设计一般最小间隔小于90秒，因此对列车运行速度监控功能的要求很高。

3. 数据传输速率较低

相比较铁路线路的列车运行速度而言，城市轨道交通的列车运行速度较低，最高运行速度通常为80km/h，因此信号系统可以采用速率较低的数据传输系统。近几年，随着城市轨道交通信号自动化水平的迅速发展，对信息的需求量越来越大，速率较高的数据传输系统在城市轨道交通信号系统中采用得越来越多。

4. 联锁关系较简单

由于城市轨道交通干线中大多数车站并不设置配线、道岔，地面信号机也很少，只有少数联锁站及车辆段才有道岔和地面信号机，因此联锁设备的监控对象少，联锁关系比铁路干线简单。大多数车站仅为旅客提供上、下车服务，通常一个控制中心即可实现全线的联锁功能。

5. 城市轨道交通车辆段信号系统通常采用独立联锁设备

城市轨道交通车辆段的行车组织工作包括列车编解、接发及调车，其信号设备较其他车站要多，通常采用一套独立的联锁装置。

6. 城市轨道交通正线车站联锁系统技术要求高

城市轨道交通信号系统中包含自动排列进路、自动折返等特殊功能，需要信号系统把联锁关系和ATP编/发码功能结合在一起，技术难度大。

二、CBTC信号系统

（一）概述

CBTC是基于无线通信的列车自动控制移动闭塞信号系统。它是我国新型的城市轨道交通信号系统，也是信号系统中安全级别较高、技术含量最高的信号系统，目前大多数城市轨道交通线路均采用此种信号系统。它不依靠轨道电路实现车—地间数据传输及列车位置监测，而是依靠感应环线、裂缝波导管、漏缆及无线电台等方式实现，此信号系统能提高列车定位精度，减小列车运行间隔。CBTC应用中的主要技术是列车定位技术、双向无线通信技术及列车完整性检测等。基于CBTC的移动闭塞信号系统通过提高位置分辨率和移动授权更新率来缩

短列车间隔距离,同时系统安全性也有所保证。

CBTC 的列车定位系统包括地面定位设备和车载定位设备两部分。

地面定位设备主要包括地面无线设备、地面应答器及交叉感应环线等,车载定位设备主要包括车载 ATP 计算机、测速雷达、车—地通信设备及测速电机等,CBTC 信号系统通过地面定位设备、车载定位设备及车载线路数据库建立列车定位信息。当列车经过地面应答器时,地面定位设备把列车位置信息传给车载定位设备,车载定位设备根据从测速电机传来的速度和方向信息校正列车的精确位置。车载 ATP 计算机根据校正信息和车载线路数据库信息计算列车在线路上的位置,并报告给地面 ATP 设备。列车的定位精度由测速电机的测速精度、应答器数量及精度等方面决定。

(二) CBTC 列车控制等级

CBTC 包含 3 个列车控制等级:CBTC 控制、点式 ATP 控制和联锁控制。

1. CBTC 控制等级

CBTC 提供最高等级的系统操作和性能,它要求轨旁子系统、车载子系统和通信子系统功能完善且能正常工作。CBTC 能保护列车运行安全并提供安全间隔距离,支持 ATC 驾驶模式。CBTC 提供完善的系统操作和性能,如列车自动运行模式(ATO)和 ATP 监控下的人工驾驶模式(SM);其列车驾驶模式如限制人工驾驶模式(RM)和非限制人工驾驶模式(VRM)提供降级操作。

2. 点式 ATP 控制等级

点式 ATP 控制等级作为连续式通信级的后备模式,为列车正方向提供超速防护。移动授权来自点式应答器,司机按照车载信号及地面信号机显示行车。

3. 联锁控制

联锁控制是最低等级的系统操作和性能,不能提供 ATC 功能,只能提供固定闭塞列车间隔和联锁保护。此种控制等级作为连续或点式控制等级的降级模式,需要联锁系统同时工作,不需要其他 ATC 系统工作。

(三) CBTC 信号系统特点

1. 连续式通信

此系统采用无线或感应环线建立车—地间通信通道。

2. 点式通信

CBTC 信号系统可采用基于应答器的点式通信通道实现车-地间的数据传输,而不依赖连续通信通道。

3. 固定闭塞运行

固定闭塞运行作为移动闭塞运行的后备模式,可配合点式通信对列车运行间隔进行控制。

4. 移动闭塞运行

此时列车受 ATO/ATP 控制,可配合连续通信对列车运行间隔进行控制。

5. 混合运行

具备 ATO/ATP 系统及不具备此系统的列车可在同一线路上运行。

6. 混合运行模式

具备 ATO 运行模式的列车可与人工驾驶模式的列车混合运行。

7. 混合的列车车型

CBTC 信号系统能对不同特性、不同编组类型(如 4 节编组列车和 6 节编组列车)、不同长度的列车、不同加减速度的列车进行控制,并且列车会按照各自特性选择最佳驾驶模式。

8. 可升级性

CBTC 信号系统可实现运行模式的升级,如由点式通信或固定闭塞模式升级到连续式通信或移动闭塞,再升级到无人驾驶运行模式。

9. 适度的降级

当 CBTC 信号系统发生故障时,可采用较低等级的运行模式作为后备模式。

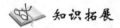知识拓展

闭 塞

闭塞是轨道信号的专用名词,是指列车进入区间后,使本区间与外界隔离起来,区间两端车站都不再向这一区间发车,以防止列车相撞和追尾。闭塞设备即为实现"一个区间(闭塞分区)内,同一时间只允许一列车占用"而设置的轨道区间信号设备。19 世纪 40 年代以前,列车运行是采用时间间隔法,即先行列车发出后,隔一定时间再发出同方向的后续列车。这种方法的主要缺点是不能确保安全,当先行列车运行不正常时(晚点或中途停车等),有可能发生后续列车撞上前行列车的追尾事故。1842 年英国人库克提出了空间间隔法,即先行列车与后续列车间隔一定空间的运行方法。因为它能较好地保证行车安全而被广泛采用,逐步形成轨道区间闭塞制式。1876 年电话发明后不久就有了电话闭塞法,电话(电报)闭塞法依靠人工保证行车安全,两站间没有设备上的联锁关系。

人工闭塞包括电话(电报)闭塞、电气路签(牌)闭塞。①电话(电报)闭塞。区间两端车站值班员用电话或电报办理行车联络手续,由发车站填制路票,发给司机作为列车占用区间凭证的行车闭塞法。目前,中国铁路只在基本闭塞设备停用或发生故障时,将电话闭塞作为代用闭塞法使用。②电气路签(牌)闭塞。只在单线铁路轨道使用,以路签或路牌作为列车占用区间凭证的行车闭塞法。区间两端车站装设同一型号闭塞机各一台(称为一组),彼此有电气锁闭关系。当一组闭塞机中存放路签(牌)总数为偶数时,经双方协同操作,发车站可取出一枚路签(牌),递交司机作为行车凭证。在列车到达前(即路签、路牌未放入闭塞机以前),这一组闭塞机中不能再取出第二枚路签(牌)。电气路签(牌)闭塞的缺点为:办理手续繁琐,向司机递送签(牌)费时费事,签(牌)还有可能丢失或损坏,区间通过能力低。中国轨道上电气路签(牌)闭塞已处于逐步淘汰之中。

半自动闭塞区间两端车站各装设一台具有相互电气锁闭关系的半自动闭塞机,并以出站信号机开放显示为行车凭证。此时,在车站进站信号机内侧设有一小段专用轨道电路,它和闭塞机、出站信号机间也具有电气锁闭关系。其特点是:出站信号机不能任意开放,它受闭塞机控制,只有区间空闲时,双方办理闭塞手续后(双线半自动闭塞为前次列车的到达复原信号)才能开放。列车出发离开车站时,出站信号机自动关闭,并使双方闭塞机处于"区间闭塞"状

态,直到列车到达接车站办理到达复原为止。半自动闭塞法办理手续简便,效率高,与路签(牌)闭塞法相比,提高了区段通过能力,改善了劳动条件。但区间轨道是否完整,到达列车是否完整,目前仍须通过人工检查才能确定。半自动闭塞现在是中国单线轨道区间闭塞的主要类型。

自动闭塞利用通过信号机把区间划分为若干个装设轨道电路的闭塞分区,通过轨道电路将列车和通过信号机的显示联系起来,使信号机的显示随着列车运行位置而自动变换这种闭塞方式在每个闭塞分区始端都设置一架防护该分区的通过色灯信号机,这些信号机平时显示绿灯,称为"定位开放式",只有当列车占用该闭塞分区(或发生断轨故障)时,才自动显示红灯,要求后续列车停车。自动闭塞的优点:由于区间划分成若干个闭塞分区,可用最小运行间隔时间开行追踪列车,从而大大提高区间通过能力;整个区间装设了连续的轨道电路,可以自动检查轨道的完整性,提高了行车安全的程度。

准移动闭塞在控制列车的安全间隔上比固定闭塞先进了一步。它通过采用报文式轨道电路辅之环线或应答器(信标)来判断分区占用并传输信息,信息量大,可以告知后续列车继续前行的距离,后续列车可根据这一距离合理地采取减速或制动,列车制动的起点可延伸至保证其安全制动的地点,从而可改善列车速度控制,缩小列车安全间隔,提高线路利用效率。但准移动闭塞中,后续列车的最大目标制动点仍必须在先行列车占用分区的外方,因此它并没有完全突破轨道电路的限制。

移动闭塞则在对列车的安全间隔控制上更先进了一步。通过车载设备和轨旁设备不间断地双向通信,控制中心可以根据列车实时的速度和位置动态计算列车的最大制动距离。保证列车前后的安全距离,两个相邻的移动闭塞分区就能以很小的间隔距离同时前进,这使列车能以较高的速度和较小的间隔运行,从而提高运营效率。移动闭塞的线路取消了物理层次上的分区划分,而是将线路分成了若干个通过数据库预先定义的线路单元,每个单元长度为几米到十几米之间。移动闭塞分区即由一定数量的单元组成,单元的数目可随着列车的速度和位置而变化,分区的长度也是动态变化的。移动闭塞系统中车载设备和轨旁设备必须保持连续的双向通信,车载设备不间断向轨旁控制器传输其标识、位置、方向和速度,轨旁控制器根据来自列车的信息计算,确定列车的安全行车间隔,并将相关信息(如先行列车位置、移动授权等)传递给车载设备,控制列车运行。

行车基本闭塞法采用下列三种:

电话闭塞法是当基本闭塞设备不能使用时所采用的代用闭塞法。

(1)自动闭塞:自动闭塞就是根据列车运行及有关闭塞分区状态,自动变换通过信号机显示而司机凭信号行车的闭塞方法。其特征为:把站间划分为若干闭塞分区;有分区占用检查设备;一般设有通过信号机;站间能实现列车追踪;办理发车进路时自动办理闭塞手续,自动变换通过信号机的显示。

(2)自动站间闭塞:自动站间闭塞就是在有区间占用检查的条件下,自动办理闭塞手续,列车凭信号显示发车后,出站信号机自动关闭的闭塞方法。其特征为:有区间占用检查设备;站间或区间只准走行一列列车;办理发车进路时自动办理闭塞手续;自动确认列车到达和自动恢复闭塞。

(3)半自动闭塞:半自动闭塞就是人工办理闭塞手续,列车凭信号显示发车后,出站信号机自动关闭的闭塞方法。其特征为:站间或区间只准走行一列列车;人工办理闭塞手续;人工确认列车完整到达和人工恢复闭塞。

 任务实施

1. 对本任务理论知识进行整理归纳,明确学习目标,准备教学参考资料。
2. 学生分组制订学习计划,预习下一个任务的相关知识。
3. 各小组讨论并分析 CBTC 信号系统特点。
4. 各小组间交流并汇报学习的结果。
5. 填写如下任务实施考核评价表。

任务实施考核评价表

考核内容	分值	标　　准	学生自评	小组互评	教师评定
CBTC 信号系统概述	20	了解 CBTC 信号系统			
CBTC 列车控制等级	20	能对 CBTC 列车控制等级进行分析			
CBTC 信号系统特点	20	能熟练说出 CBTC 信号系统特点			
城市轨道交通信号系统的基本特点	20	能熟练说出城市轨道交通信号系统的基本特点			
解决问题的能力	10	能否快速解决问题			
讨论问题的积极性	10	积极参与讨论问题			
成绩					
总成绩					

单元三　城市轨道交通信号系统种类

 教学准备

1. 城市轨道交通信号实训室或车间现场。
2. 教学用的 PPT、视频、图片及相关教学资料。

 基础知识

信号系统是现代轨道交通自动控制系统中的重要组成部分,以实现列车的高速有序运行,对保证列车和乘客的安全有重要的作用。城市轨道交通信号系统的核心是列车自动控制(ATC)系统,可按以下三种方式分类:按车地信息传输方式分类;按对列车实施控制的方式分类;按闭塞制式分类。

一、按车地信息传输方式分类

列车自动控制(ATC)系统按车地信息传输方式可以分为点式信息传输系统和连续式信息传输系统。

1. 点式信息传输系统(图1-2)

点式信息传输系统主要由音频无绝缘轨道电路(或计轴设备)和轨旁应答器构成,向车载设备定点传输ATP信息。轨道电路(或计轴器)用于检测列车的占用情况,应答器用来实现车-地数据传输,根据需要还可用环线来延伸信息点的范围。

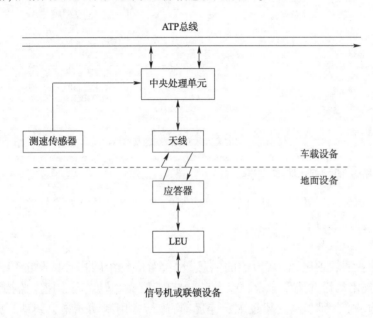

图1-2 点式ATP系统的基本结构

单纯的点式ATP系统不能满足紧急状态下的紧急停车功能,需在进站前方铺设一段电缆感应环线,传输连续车-地信息,以实现紧急停车的功能;同时,由于列车获得的信息是定点、不连续的,列车在越过信息点后按已接收到的信息行驶,必须等待收到下一个点式信息时才能按新的信息要求行驶,这样就造成了列车在两信息点间行驶时,不能及时地适应变化,因此降低了行车效率。

2. 连续式信息传输系统(图1-3)

连续式信息传输系统利用多信息或数字音频无绝缘轨道电路、交叉电缆感应环线、裂缝波导管或漏缆等,向车载设备提供连续的列车运行信息,既有检查列车占用功能,又有信息传递功能。其特点是信息不间断,提供的信息量大,列车运行安全、平稳、舒适。

连续式信息传输系统主要有以下几种传输形式:

(1) 多信息音频无绝缘轨道电路。

(2) 数字编码(报文式)音频无绝缘轨道电路。

(3) 地面不设轨道电路,利用交叉电缆感应环线、裂缝波导管、漏缆及无线通信方式实现车—地信息传递。

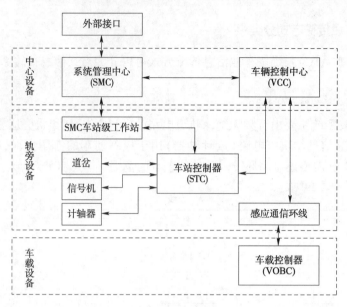

图1-3 连续式信息传输系统的基本结构

二、按对列车实施控制的方式分类

列车自动控制(ATC)系统按对列车实施控制的方式分类可分为阶梯式速度曲线和速度-距离模式曲线两种控制方式。

1. 阶梯式速度曲线控制方式

基于传统的音频轨道电路,其传输的信息量少,对应每个闭塞分区只能传送一个信息代码,即该区段所规定的最大速度命令码或入口/出口速度命令码。列车速度监控采用的是闭塞分区出口检查方式,当列车速度超过规定速度时,施行常用制动或紧急制动。施行常用制动时,如制动率达不到要求,会自动转为紧急制动;一旦施行了紧急制动(称之为惩罚性制动),必须在列车停止后,通过一定操作才能缓解。为保证列车运行的安全,这种滞后的速度检查方式必须要有一个完整的闭塞分区作为列车的安全保护距离。阶梯式速度曲线控制方式属于20世纪80年代技术水平,西屋公司、GRS公司分别用于北京地铁、上海地铁1号线的ATC系统均属于此种类型。

2. 速度—距离模式曲线控制方式

该方式由命令编码单元通过轨道电路、查询应答器、电缆环线、裂缝波导管或无线,等设备向列车提供目标及限制速度等命令信息,同时还向列车提供目标速度、目标距离、线路状态等信息。在列车的每一确切位置,车载ATP设备均会据此计算出列车运行的速度-距离曲线,保证列车在最高安全速度下运行。采用速度-距离曲线控制模式的ATP/ATO系统属20世纪90年代技术水平,西门子公司在广州地铁1、2号线使用的信号系统均属于此种类型。

阶梯式速度曲线和速度-距离曲线模式两种列车控制方式相比,前者两列车之间的最小行车安全间隔距离至少应为一个固定的闭塞分区,为了保证列车正常追踪运行,两列车间隔距离在三个闭塞分区以上,两列车之间的最小行车安全间隔距离比后者需要的空间距离大,降低了线路通过能力,且不能实现列车连续速度控制,列车运行的平稳性差。相比之下,速度-距离模式曲线控制方式可以提高线路利用率,相应缩短追踪列车之间的最小安全行车及正常行车间隔距离,可提高行车密度及列车运行的平稳度。

三、按闭塞制式分类

目前用于城市轨道交通系统的闭塞方式有固定闭塞、准移动闭塞和移动闭塞三种。

1. 固定闭塞(图1-4)

采用固定划分区段的轨道电路,即基于传统的多信息音频轨道电路,列车以闭塞分区为最小行车间隔,且需设防护区段。其传输的信息量少,对应每个闭塞分区只能传送一个信息代码,即该区段所规定的最大速度码或入口/出口速度命令码。列车速度监控采用的是闭塞分区出口检查方式,当列车的出口速度大于本区段出口速度命令码所规定的速度时,车载设备便对列车实施紧急制动。为保证列车运行的安全,这种滞后的速度检查方式必须要有一个完整的闭塞分区作为列车的安全保护距离。固定闭塞ATP系统采用阶梯式控制方式,对列车运行控制的精度不高,降低了列车运行舒适度,增加了司机劳动强度,限制了通过能力的进一步提高。固定闭塞分区的划分依赖于特定列车的性能,当线路上有不同性能的列车时,为保证安全需按最严格条件设计,这样就影响了列车运行效率,也难以适应今后列车类型的变更。

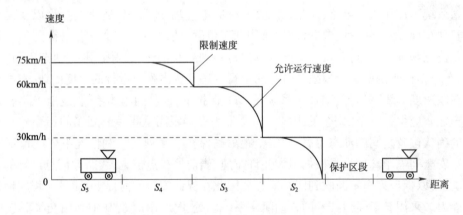

图1-4　固定闭塞示意图

2. 准移动闭塞(图1-5)

准移动闭塞一般采用数字式音频无绝缘轨道电路、音频无绝缘轨道电路+感应环线或计轴+感应环线方式作为列车占用检测和ATP信息传输的媒介,具有较大的信息传输量和较强的抗干扰能力。通过音频轨道电路的发送设备向车载设备提供目标速度、目标距离、线路状态(曲线半径、坡道等数据)等信息,ATP车载设备结合固定的车辆性能数据计算出适合本列车运行的速度-距离曲线,保证列车在速度-距离曲线下有序运行,提高了线路的利用率。准移动闭塞ATP系统采用速度-距离曲线的列车控制方式,提高了列车运行的平稳性。列车追踪运行的最小安全间隔比固定闭塞短,对提高区间通过能力较为有利。ATS、ATP子系统与ATO子系统结合性较强,整个ATC系统技术较为成熟。由于ATO/ATP车载设备具有智能化功能,故设备的兼容性较好,车辆有可能适应于不同线路运行需要,或者同一线路设备可适应不同性能车辆运行。

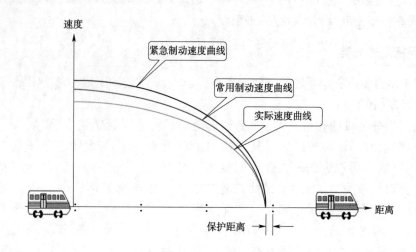

图 1-5　准移动闭塞示意图

3. 移动闭塞(图 1-6)

前两种闭塞制式均属于基于轨道电路的 ATP 系统,而移动闭塞是基于通信的 ATP 系统。移动闭塞系统不依靠轨道电路,而是采用交叉感应电缆环线、漏缆、裂缝波导管以及无线电台等方式实现车地、地车间双向数据传输,监测列车位置,使地面信号设备可以得到每一列车连续的位置信息和列车运行信息,并据此计算出每一列列车的运行权限,进行动态更新,发送给列车,列车根据接收到的运行权限和自身的运行状态计算出列车运行的速度曲线,车载设备保证列车在该速度曲线下运行,ATO 子系统在 ATP 保护下,控制列车的牵引、巡航及惰行、制动。追踪列车之间应保持一个"安全的距离",这个最小安全距离是指后续列车的指令停车点和前车尾部的确认位置之间的动态距离,此安全距离确保在一系列最不利情况下仍能保证安全间隔。列车安全间隔距离信息是根据最大允许车速、当前停车点位置、线路等信息计算的。信息被循环更新,以保证列车不断收到即时信息。因此在保证安全的前提下,能最大程度地提高区间通过能力。采用基于通信技术的移动闭塞系统已处于实用阶段,其中利用交叉感应电缆方式环线的移动闭塞系统已有较成熟的使用经验,目前已在国内的武汉轻轨 1 号线、广州地铁 3 号线工程中实施;采用无线扩频电台、裂缝波导管方式的移动闭塞在北京机场线、北京地铁 2 号线、北京地铁 15 号线房山线已投入应用。

移动闭塞具有以下优点:

(1)可实现车地双向、实时、高速度、大容量的信息传输。

(2)列车定位精度高。

(3)列车运行权限更新快。

(4)不受牵引回流的干扰。

(5)轨旁设备简单,可靠性高。

(6)缩短列车追踪间隔,提高通过能力。

(7)能适应不同性能列车的运行。

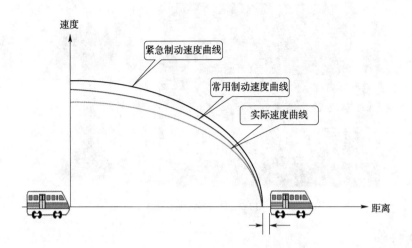

图1-6 移动闭塞示意图

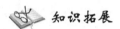知识拓展

计 轴 器

轨道计轴器是用于检测列车通过线路上某一点(计轴点)的车轴数的设备。根据检测信息,确定两个计轴点之间或轨道区段内的空闲情况,或判定列车通过计轴点的位置,自动校正列车行驶里程等。

计轴器由传感器、计数比较器等部分组成,当车辆轴数的信息需要远距离传输时,计轴器还需采用传输设备。其结构如图1-7所示。

(1)传感器。它是计轴器的基础设备,其作用是将机车、车辆通过的车轴数转换成电脉冲信号。早期使用的传感器一般是机械式,目前一般采用电磁式。电磁式传感器由磁头、发送器、接收器三部分组成,磁头有一个发送线圈和一个接收线圈分别装在钢轨的两侧,发送器向磁头的发送线圈馈送较高频率的电流,使其周围产生交变磁场,并通过空气、钢轨、扣件等不同介质环链到磁头的接收线圈,感应出一交流电压。车轴通过磁头时,车轮的屏蔽作用和轮缘的扩散作用使环链到磁头的接收线圈的磁通量发生变化,并使感应电压显著降低,接收器将这个变化的感应电压转换成车轴电脉冲信号。

(2)计数比较器。主要由计数器、鉴别器、比较器组成。它将进出两个计轴点之间的车轴电脉冲信号进行计数和比较,以判断区间(或轨道区段)是否空闲。

(3)传输设备。主要由电信号发送器和电信号接收器组成,多采用频率数码传输方式。

计轴器可应用于半自动闭塞和自动闭塞区段,也可用于铁路道口的防护、驼峰编组场的高轴阻检查、测速、判定钩车数等,还可在行车指挥自动化、列车运行自动化方面作为校正里程的依据。

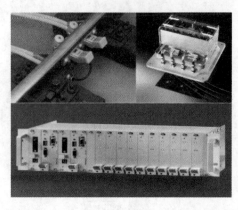

图1-7 计轴器结构示意图

任务实施

1. 对本任务理论知识进行整理归纳,明确学习目标,准备教学参考资料。
2. 学生分组制订学习计划,预习下一个任务的相关知识。
3. 各小组讨论并对城市轨道交通信号系统进行分类。
4. 各小组间交流并汇报学习的结果。
5. 填写如下任务实施考核评价表。

任务实施考核评价表

考核内容	分值	标　　准	学生自评	小组互评	教师评定
点式信息传输系统	15	能恰当分析点式信息传输系统			
连续式信息传输系统	15	能恰当分析连续式信息传输系统			
固定闭塞	10	能恰当分析固定闭塞			
准移动闭塞	10	能恰当分析准移动闭塞			
移动闭塞	10	能恰当分析移动闭塞			
阶梯式速度曲线	10	能恰当分析阶梯式速度曲线			
速度-距离模式曲线	10	能恰当分析速度—距离模式曲线			
解决问题的能力	10	能否快速解决问题			
讨论问题的积极性	10	积极参与讨论问题			
成绩					
总成绩					

单元四　城市轨道交通信号系统组成

教学准备

1. 城市轨道交通信号实训室或车间现场。
2. 教学用的PPT、视频、图片及相关教学资料。

城市轨道交通的信号系统通常由列车运行自动控制系统（ATC）和车辆段信号控制系统两部分组成，用于列车进路控制、列车间隔控制、调度指挥、信息管理、设备工况监测及维护管理，由此构成一个高效的综合自动化系统。其系统组成如图1-8所示。

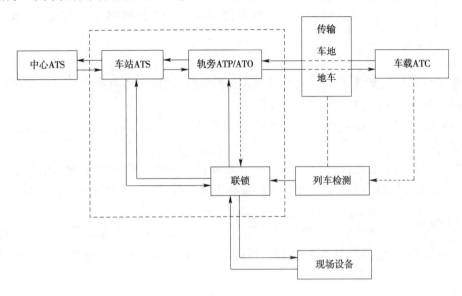

图1-8 城市轨道交通的信号系统组成示意图

一、列车运行自动控制系统（ATC）

ATC 包括列车自动防护（ATP）、列车自动运行（ATO）及列车自动监控（ATS）三个系统，如图1-9所示。

为确保行车安全和线路最大通过能力，一般最大通过能力小于30对/h的线路宜采用ATS和ATP系统，实现行车指挥自动化及列车的超速防护。在最大通过能力较低的线路，行车指挥可采用以调度员人工控制为主的CTC系统。最大通过能力大于30对/h的线路，应采用完整的ATC系统，实现行车指挥和列车运行自动化。

1. ATP 子系统

采用轨道电路传送 ATP 信息时，ATP 子系统由设于控制站的轨旁单元、设于线路上各轨道电路分界点的调谐单元和车载 ATP 设备，以及由 ATS、ATO、联锁设备的接口设备组成。

ATP 子系统对列车运行进行超速防护，对与安全有关的设备实行监控，实现列车位置检测，保证列车间的安全间隔，

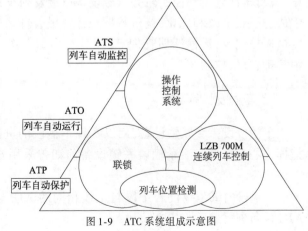

图1-9 ATC 系统组成示意图

保证列车在安全速度下运行,完成信号显示、故障报警、降级提示、列车参数和线路参数的输入,与 ATS、ATO 及车辆系统接口进行信息交换。

ATP 子系统不断将来自联锁设备和操作层面的信息、线路信息、前方目标点的距离和允许速度信息等从地面通过轨道电路等设备传至车上,从而由车载设备计算得到当前允许速度,或由行车指挥中心计算出目标速度传至车上,由车载设备测得实际运行速度,依此来对列车实行监督,使之始终在安全速度下运行,以缩短列车运行间隔,保证行车安全。

2. ATO 子系统

ATO 子系统包括车载 ATO 单元和地面设备两部分,地面设备有站台精确停车设备、车地通信设备以及 ATP、联锁系统的接口设备。

ATO 还装有双向通信系统,使列车能直接与车站内的 ATS 系统接口,保证实现最佳的运行图控制。

ATO 子系统用于实现"地对车控制",即用地面信息实现对列车驱动、制动的控制,包括列车自动折返,根据控制中心的指令使列车按最佳工况正点、安全、平稳地运行,自动完成对列车的启动、牵引、惰行和制动,送出车门和屏蔽门同步开关信号。

使用 ATO 后,可使列车经常处于最佳运行状态,高质量地自动驾驶,提高列车运行效率,避免了不必要的、过于剧烈的加速和减速,提高了旅客舒适度和列车正点率以及减少了能耗和轮轨磨损。

3. ATS 子系统

该子系统是车载信号设备与地面设备之间实现双向通信的系统,该系统与中央列车控制系统协同工作,实现车辆运行中信息的交互,完成车辆的自动运行。

ATS 子系统包括控制中心设备和 ATS 车站、车辆段分机。此外,在 ATC 范围内的各正线控制站各设一套联锁设备,正线有岔站原则上独立设置联锁设备,当然也可以采用区域控制方法。

ATS 子系统主要实现对列车运行的监督和控制,辅助调度人员对全线列车进行管理,包括:调度区段内列车运行情况的集中监视与控制,监测进路控制、列车间隔控制设备的工作,按行车计划自动控制轨旁信号设备以接发列车,列车运行实迹的自动记录,时刻表自动生成、显示、修改和优化,运行数据统计及报表自动生成,设备运行状态监测,设备状态及调度员操作记录,运输计划管理等,还具有列车车次号自动传递等功能。ATS 工作方式为集中管理,分散控制。

二、车辆段联锁设备

车辆段设一套联锁设备,用以实现车辆段的进路控制,并通过 ATS 车辆段分机与行车指挥中心交换信息。车辆段联锁设备前期曾采用 6502 继电集中联锁,近年均采用计算机联锁。

车辆段内试车线设若干段与正线相同的 ATP 轨道电路和 ATO 地面设备,用于对车载 ATC 设备进行静、动态试验。

知识拓展

1. CTC 系统

CTC(Centralized Traffic Control System),即调度集中系统,调度集中系统铁路调度中心对某一区段内的铁路信号设备进行集中控制,对列车运行直接指挥、管理的技术装备。

CTC 具有以下基本功能:列车运行实时显示及区段透明;车次号追踪及早晚点显示;列车到发点自动采集及实迹运行图自动描绘;行车计划自动调整与下达;调度命令与阶段计划下达;列车速报、甩挂车作业及站存车信息;临站间信息交换及分界口信息显示;车站行车日志自动生成;车站站间透明及语音提示;列车作业和调车作业实现分散自律控制;信号设备集中自动控制;列车进路按计划自动排路;中间站调车作业纳入;无线列车进路预告;无线调度命令/行车凭证发送。

CTC 是分散自律式调度集中系统,除了完成 TDCS 系统的全部功能外,还可以完成管辖内车站信号设备的操控功能,也就是说原来车站值班员要动手的工作也可以由 CTC 来完成,分为集中控制和非常站控两种模式。CTCS 是中国铁路列车运行控制系统,共分 0~4 五个级别,目前中国的胶济线和沪昆线用的是 2 级,武广线用的是 3 级,随着级别的提高,铁路信号的重心也由以车站联锁为核心向以列车控制为核心转移。

2. TDCS 系统

TDCS(Train Operation Dispatching Command System)是覆盖全路的调度指挥管理系统,能及时、准确地为全路各级调度指挥管理人员提供现代化的调度指挥管理手段和平台。

TDCS 系统是全路联网的调度指挥系统,它由部中心 TDCS 系统,铁路局 TDCS 系统,车站系统三层机构有机地组成,采用数字化、网络化、信息化技术,是对传统调度指挥模式的革命性突破,它极大地减轻了调度员的劳动强度,提高了运输生产的效率。在 TDCS 系统基础上建设调度集中,是铁路跨越式发展的必经之路,所以 TDCS 系统为铁路调度实现现代化打下了坚实基础。

TDCS 系统的重点在直接指挥车站的路局 TDCS 系统一层,路局 TDCS 系统对全路局的行车进行实时、集中、透明指挥,用自动化的手段调整运输方案,通过计算机网络下达行车计划和调度命令,实现自动报点和车次号自动跟踪功能,改变过去车站值班员用电话向调度员人工报点、调度员用电话向车站下达计划和命令、车站手抄再复诵的落后方式。列车实迹运行图自动绘制,自动过表,车站行车日志自动生成,这些都大大减轻了行车调度员和车站值班员工作强度。TDCS 系统工程建成后,优化了运输调度指挥管理手段、提高了调度管理水平和运输效率。

TDCS 系统具有以下特点:

(1)调度办公——无纸化

行车调度台延续多年的一张图、一只笔、一把尺、一块橡皮的工作模式将被现代化的 TDCS 行车调度子系统所替代。调度员通过简单的点击鼠标即可实现运行线的自动铺画、调整、下达阶段计划和调度命令等操作。列车运行的到发点由系统自动采集,实际运行线自动生成,每班的运行图可打印输出。以计算机替代重复、简单的作业环节,减少作业员的工作环节、劳动强度。

(2) 流程管理——程序化

通过详细描述列调工作中的设备、规则、方式、流程等条件,由程序智能控制作业流程,规范作业过程管理。

(3) 安全检测——智能化

强大的防火墙系统和入侵检测系统保证了 TDCS 系统作为行车设备的高度安全性,防止黑客的非法入侵和病毒的侵入。

(4) 信息交换——网络化

调度员和车站值班员的信息交换全部采用网络传输,替代了原有的电话交流的模式,包括计划的下达、到发点的上报、调度命令的下达等信息。采用电话下达的交流方式一方面工作强度大,另一方面容易造成误报、错报的情况,网络下达高速、准确,很受调度员欢迎。

TDCS 系统以信息和网络技术替代既有的信息采集、交换方式,能提高信息交换的效率和质量,提高工作效率。

(5) 计划调整——自动化

针对 3 小时阶段计划的自动调整,由计算机的自动调整替代调度员人工调整,特别是在单线调度区段,能够极大地减轻调度员的工作强度,调度员只要把握住几个重点会让策略,进行人工干预,其他工作交给计算机来做就可以了。

通过系统自动调整列车会让计划,智能判别列车运行必须满足的逻辑关系,以一定的方式与车站的信、联设备联结,实现对车站设备的直接自动控制,满足调度集中或半集中的需要。

(6) 调度指挥——无声化

有了 TDCS 系统,调度员通过计算机网络来下达和获取相关的信息,实现信息的共享,不再依靠电话的联系,您将会看到一个非常安静的调度所,改善了调度人员的工作环境。

(7) 调度控制——集中化

在调度集中区段,TDCS 系统可以做到几百公里之外的车站全部由调度所来集中控制,调度员在调度台上便可直接控制车站的联锁设备,进行远程作业,可做到车站的无人值守,配以计算机辅助调度,就可以实现按图排路,使整个运输调度工作跨上一个新台阶。

TDCS 系统结构包括:中心逻辑处理子系统、调度终端子系统、车站子系统、网络子系统、外围接口子系统和列车运行信息的宏观监视。

 任务实施

1. 对本任务理论知识进行整理归纳,明确学习目标,准备教学参考资料。
2. 学生分组制订学习计划,预习下一个任务的相关知识。
3. 各小组讨论学习城市轨道交通信号系统组成。
4. 各小组间交流并汇报学习的结果。
5. 填写如下任务实施考核评价表。

任务实施考核评价表

考核内容	分值	标　　准	学生自评	小组互评	教师评定
ATP 子系统	20	对 ATP 子系统基本理论准确分析			
ATO 子系统	20	对 ATO 子系统基本理论准确分析			
ATS 子系统	20	对 ATS 子系统基本理论准确分析			
车辆段联锁设备	20	对车辆段联锁设备准确分析			
遇到问题时的应急处理功能	10	是否能及时反馈问题信息			
讨论问题的表现	10	态度是否端正、参与是否积极			
成绩					
总成绩					

单元五　城市轨道交通信号系统设备

1. 城市轨道交通信号实训室或车间现场。
2. 教学用的 PPT、视频及相关教学引导资料。
3. 城市轨道交通信号系统设备相关模型。
4. 在多媒体教室展示城市轨道交通信号系统相关设备。

按照城市交通信号系统设备的地域分布，一般城市轨道交通信号系统设备由车载信号设备、轨旁信号设备、中央/车站 ATS 信号设备、数据通信系统设备及车辆段信号系统设备组成(图1-10)。

一、车载信号设备

1. 车载 ATP/ATO 设备(CC)

车载 ATP/ATO 设备由车载 ATP 计算机、车载 ATO 计算机及其他设备组成，保证列车安全高效运行。

2. 列车司机显示器(TOD)

TOD 用于司机与车载信号的人机信息交互以及列车驾驶信息的掌握。

3. 速度传感器

速度传感器用于对本列车运行速度的测量，实现对列车运行速度、车轮空转、打滑的监控。

4. 车载 MR 无线天线

车载 MR 天线用于接收轨旁信号系统传递来的行车指挥数据，同时把列车的相关运行数据通过无线网络传递给轨旁信号系统，实现车地通信功能。

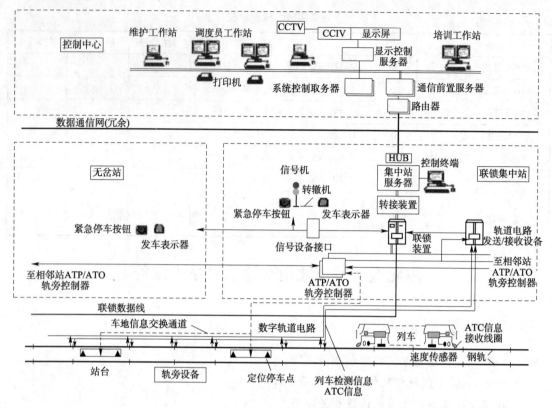

图 1-10 ATC 系统的设备

5. 应答器查询(TI)天线

应答器查询天线实现列车与地面信号设备的单向通信。

6. 加速度计

加速度计辅助 CC 检测列车运行中的打滑和空转情况,保证车载系统对列车实时运行速度的测量。

7. 实现信号功能的其他按钮设备

二、轨旁信号设备

(一)计轴

1. 概述

计轴又称微机计轴,是线路两端车站装设的设备,利用安装在钢轨上的闭环传感器监督列车车轮经过数,将本站的轮对数利用半自动设备发送至对方站,列车到达对方站后,对方站收到的轮对数与发车站的轮对数相同时自动开通区间,换言之,计轴是一种能检测通过车轮数的信号设备,它能够取代普通轨道电路。

计轴设备用于检测列车对轨道线路的占用与出清情况,判断列车在区间的大体运行位置。

计数头(或称检测点)安装在轨道区段的每一个端点。同时每个区段有一个由计算机实现的、与区段各端检测点相关的电子计数器。一个检测点由两个独立的传感器组成,检测点借助于每个传感器被经过的次序能检测列车运行方向。当每个轮对驶过轨道区段的始端检测点时该区段的计数器递增,当列车经过同样的末端检测点时该区段的计数器递减。如果联网计数计算结果是零,轨道区段对后续的列车来说被认为是出清。

完成这些需要借助于被称作评估器(Evaluator)的安全型计算机,它位于中心的位置(信号机械室内),而检测点位于需要的区域。每一个检测点都经由专用的铜芯电缆或通信传输系统连接到评估器,这使得检测点距评估器可以有非常远的距离。当采用计算机区域联锁设备时这点非常有用,信号设备可以分布安装在线路旁边的机柜内。目前有 JWJ-C2 型微机计轴设备等技术处于应用中。

2. 计轴的优点

(1)和轨道电路不同,计轴不需要安装轨道绝缘,这样可以避免因插入绝缘而锯断钢轨的情况,可避免断轨现象的发生。

(2)安装维修费用较低。因为计轴不需要钢丝绳并且用较少的电缆。

(3)轨道电路经常出现轨面污染的问题,而计轴不会有这些现象的发生。

(4)在潮湿的地面上或隧道内使用轨道电路是不安全的,而使用计轴不用考虑这些问题。计轴也经常用在钢结构上(钢结构铁路桥,如郑州黄河大桥),这种结构对轨道电路传输有妨害。计轴经常用在大长区段上,可以节省多个中继点。

(5)国外的经验表明,计轴的可用性一般都达到了完成同样功能的轨道电路的 5 倍以上。列车晚点的最主要的原因通常是轨道电路失效引起的,而计轴可改善轨道电路应用的可靠性。计轴对安全性有较大帮助,它减少了由于信号系统失效而使用降级模式时带来的室外操作。

3. 计轴的缺点

(1)计轴经常容易受到干扰,干扰后就需要人工复位,有的可以直接复位,有的需要预复位。计轴受到干扰的原因有电磁干扰、磁头处划过金属物等,而道岔区的复位如果采用预复位就比较麻烦,但是直接复位又有危险。

(2)因为掉电等各种原因,轴计数器可能"忘记"一个区段内有多少轴,因此人工操作复位系统是必需的,这就引入了不可靠的人为的因素。

(3)如果计轴区段里有列车占用时对计轴干扰现象进行复位,因计轴处理器复位后已经没有记忆了,当列车离开区段时计轴磁头检测到了列车离开时的轴数,离开的轴数要和进来的轴数相比较,如二者不等,计轴会再度干扰。

(4)计轴仅能提供间断的列车经过固定位置的指示。如果计数单元失效或失去连接,列车将没有被检测而进入一个被认为空闲的闭塞区段。但轨道电路能提供连续实时的整个区段的检测,一旦掉电或断线将给列车发送一个安全的信号,轨道电路还允许使用夹子线直接短路使轨道电路变为占用。

(二)轨旁计算机联锁设备

轨旁计算机联锁设备用于确保安全、可靠地控制道岔转辙机、信号机动作,正确可靠地采集道岔开向表示信息及挤岔信息,是实现进路建立、锁闭、开放、取消等联锁功能的重要技术装备。

(三)电源屏

信号电源屏为与其相连的信号负载设备提供电源,保证信号系统设备的运行。电气集中联锁车站应保证有可靠的供电电源,以保证车站不间断供电。在车站设备室内设有电源屏,用来提供电气集中联锁需要的直流电源、交流电源及闪光电源等。

(四)蓄电池

1. 概述

化学能转换成电能的装置称为化学电池,一般简称为电池。放电后,能够用充电的方式使内部活性物质再生——把电能储存为化学能;需要放电时再次把化学能转换为电能,将这类电池称为蓄电池(Storage Battery),也称二次电池。所谓蓄电池即是储存化学能量,必要时放出电能的一种电气化学设备。城市轨道交通系统蓄电池是信号备用电源系统的储能装置。

2. 列车蓄电池应急供电

蓄电池充电器可以输出两路电源,一路给蓄电池充电,另一路给低压负载设备供电。每列车上安装有若干个蓄电池,每个蓄电池均由各自的蓄电池充电器负责充电。当一个蓄电池充电器发生故障时,车辆的其他蓄电池不会放电,而是由另外的充电器给予充电,不会影响列车正常运行,而且即使只有一个蓄电池充电器工作,蓄电池也不会放电。

蓄电池的基本功能有两个:一是用于列车起动时激活列车;二是当整列车无外部高压输入时,为列车应急供电。对于拔掉司机主控制器钥匙并且停放60小时的列车,为了保证库存列车停放较长时间后仍能正常启动,蓄电池仍有足够的容量来满足连接系统正常工作。由于故障而导致整列车失去外部高压供电时,蓄电池开始应急供电,此时,列车不能继续运行。蓄电池的应急供电时间在地下线路不得低于45min,在地面线路与高架线路不得低于30min。蓄电池应急供电仅可能满足部分低压负载使用,这些低压负载包括:客室应急照明、列车头灯和尾灯、驾驶室照明、客室与驾驶室应急通风、列车有线广播和无线通信、车载安全设备、所有客室侧门的一次开关。

3. 蓄电池应急供电程序

以地铁列车为例,说明应急供电程序。在故障情况下,整列车缺少外部高压电输入,列车不能继续运行,空调制冷或加热功能丧失,空调应急通风启动,客室正常照明灯熄灭,驾驶室照明灯、客室应急照明灯、广播与无线通信、列车头灯与尾灯等保持不变。蓄电池供电45min后,应急通风切断,继续供电不少于5min之后,应急照明灯熄灭。

列车正常运行时,客室应急照明灯和普通照明灯一起处于工作状态。为了在应急供电时获得尽可能均匀的照明,应急照明灯均匀分布于客室内。在每对门之间,应至少设置一组应急照明灯,以保证乘客安全。

目前,有部分新型列车不专门设置应急照明电路,客室内没有应急照明灯。当处于蓄电池应急供电状态时,客室内所有照明灯的照度降低。与应急照明灯相比,照度分布更加均匀,更有利于乘客安全。

4. 列车蓄电池紧急牵引

在缺少外部高压供电的情况下,利用蓄电池实现紧急牵引列车的技术,目前尚处于起步阶段,2009年9月投入运营的北京地铁4号线列车在国内率先使用了该技术。蓄电池紧急牵引技术可以使列车在较低速度的条件下,实现短距离的移动。该技术在以下两种情况的运用突出表现了其在安全保障方面的重大意义:一是区间供电故障的处理;二是接触轨供电列车的库内检修。当区间高压供电设备发生故障时,列车利用蓄电池供电将列车紧急牵引至前方站,既可避免区间救援造成延误,又可避免区间疏散乘客造成混乱恐慌。

(五) UPS 电源(不间断电源)

通信系统在正常情况下应能保证列车安全高效运营,为乘客提供高质量的出行服务,在异常情况下能迅速转变为供防灾救援和事故处理的指挥通信系统。通信系统的重要性决定了通信系统供电设备的可靠性成为重中之重。由于市电电网中接有各种各样的负载,对电网造成干扰和污染,供电质量恶化,影响负载设备的正常运行,导致服务器数据丢失等问题的发生,给用户造成不可估计的损失。UPS 供电系统建设的目的,是通过 UPS 供电系统给机房内用电设备提供高质量的、不间断的电源,保证用电设备正常工作。UPS 不间断电源系统可以解决数据机房电源断电、电压尖峰、电压浪涌、频率漂移、谐波干扰、过欠压、电压波动及噪声电压等由市电电源质量差对前端设备造成的危害。UPS 电源向信号负载设备提供不间断电源,确保信号负载设备不断电。

为了保证通信设备在主电源中断或波动情况下,各通信子系统仍能可靠地工作,地铁通信系统中电源系统将承担全线范围内所有控制中心、车站、车辆段通信设备的供电。因此对供电系统要求有极高的可靠性,要有连续不断、高效、安全、可靠的电力供应以保证负载运行。地铁工程电源子系统在控制中心、各车站、车辆段的通信设备室及电池室内分别设置 UPS 电源设备。控制中心、各车站、车辆段均采用在线式 UPS,UPS 系统只提供交流 220V 电源,各通信子系统如采用其他方式电源,由各通信子系统自配的整流装置产生。

通信电源系统为不间断电源系统,一般由强电引入两路交流 380V 电源至双路电源切换配电屏,按一级负荷供电给在线式 UPS 系统。UPS 系统提供交流 380V 电源至通信机房交流配电屏,交流配电屏分配各 220V 分路至通信机房设备,并提供 380V 支路至公用传输机房交流配电屏。UPS 的输入电压范围代表 UPS 适应电网的能力,同时电压范围宽广也有降低用户投资成本、节能环保的作用。用户在对 UPS 供电系统的投资中,蓄电池往往占有很大的比例,例如地铁电源系统大多要求后备延时时间在 2~4 小时,这样在系统中就需要投入大量的蓄电池。UPS 宽广的输入电压范围可以有效地减少电池的充放电次数,延长电池使用寿命,达到节能环保、节省投资的效果,特别是在电网波动较大的环境下,该功能发挥的作用更大。

(六) 组合柜

组合柜也叫组合架,主要用来安装与室内外设备相关的各类继电器,实现室内外设备的联动与控制信息的传输。6502 电气集中联锁电路由若干种继电器定型组合而成,每种定型组合电路均包含若干固定的继电器完成相应的联锁功能。一般每个组合可安装 10 个继电器,这些组合按照要求安装在组合柜上。

(七) 防雷分线柜

1. 概述

防雷分线柜也称分线架,适用于多路交流或直流线路集中保护,主要用于沿交流或直流线路侵入的雷电防护,用于大电流对室内设备的冲击防护。防雷分线柜具有抗振动和防尘、防火、防鼠等功能,可真正做到免维护。它适用于电气集中车站、非电气集中车站和微机联锁车站,可安装在电缆夹墙内,也可与组合架或组合柜并列安装在信号机械室内。防雷分线柜里的防雷模块直接加在分线端子上,实现防雷器件到分线端子之间的配线零长度。安装在接线端子上的防雷模块可实现在线热插拔,可根据信号设备的耐过压能力选择不同的防雷模块,对不同的信号设备进行纵向、横向保护。

根据信号分线端子的使用特点和技术发展需要,GFX-F 型信号分线柜柜体采用分体结构,可在现场进行组装,分线端子装在标准端子层上,通用性极高,柜门上贴的密封胶条具有较好的防尘特性。可拆卸式电缆室,既方便配线又使分线柜下部整齐美观。标准端子层有:电源端子层;熔断器层;电源/保险二合一层;电缆绝缘测试层;普通六位端子层;防雷六位端子层;十八位端子层;还可按客户要求生产特殊用途的端子层。所有端子层均采用 WAGO 配线端子,电源端子层共安装 8 块 WAGO 端子,每块端子按 4 柱端子配置(1 块电源 WAGO 端子相当于 1 块 4 柱电源端子),电源端子层共计 32 个端子,每个端子上最多可配 10 根截面积最大 $6mm^2$ 的导线。6 位端子层每层可安装 13 块 6 位 WAGO 端子,每位端子最多连接 4 根截面积不大于 $2.5mm^2$ 的导线。六位端子层端子数共计 $8 \times 13 \times 6$ 个。端子层具有遥信输出功能,当安装在端子层上的防雷模块劣化或有故障时,端子层可给出一个干接点信号供集中监控使用。熔断器层可装 8 个熔断器底板。电缆绝缘测试层分大 30 位及小 30 位两种,大 30 位插座每层装 13 个配线端子,小 30 位插座(CB2-30 型插接件)装 21 个。GFX 型信号分线柜结构合理、操作简便,性能可靠,它改变了室内、外信号设备传统的防雷连接方式,对提高轨道信号设备运用质量提供了较理想的分线设备。

2. 防雷模块

防雷模块根据信号电路的不同要求,选择纵向、横向全保护模式,防雷模块具有劣化指示。当防雷模块劣化或出现故障时,模块电路可即刻断开与电路的连接,模块显示窗口由绿色(正常)变成红色(断开),保证了故障-安全原则。同时,可由底座给出一个干接点开关信号,供监控使用。防雷模块动作机构采用新型方式,可以保证在任意情况下可靠脱扣,避免传统脱扣装置存在似脱非脱的中间状态,以至无法根据显示状态判断是否劣化。防雷模块由压敏电阻和放电管组成,具有无漏流、无续流的特性,可对各种信号机、轨道电路、方向电路、闭塞电路、电话线、站联信号、场联信号、报警电路进行保护。

3. 外形尺寸

分线柜外型结构尺寸:$2350mm$(高)$\times 960mm$(宽)$\times 450$(深)mm,防雷模块:$37mm \times 30mm \times 47mm$。

图 1-11 信号机

(八)信号维修检测子系统

信号维修检测子系统一般由位于运营中心的维护监测设备、车辆段/停车场/维修中心设置的维护监测设备、各设备集中站设置的车站维护工作站、网络传输设备组成。它是信号设备用于实现维护与监测的辅助工具。

(九)信号机

信号机是给司机提供信号的最主要的设备如图 1-11 所示,下面简单介绍几种信号机的设置。

1. 防护信号机

正线道岔防护信号机设在道岔岔前和岔后的适当地点。

防护信号机采用三显示机构,自上而下的灯位为黄(或月白)、绿、红,其显示意义分别如下:

黄(或月白)灯表示所防护的道岔开通侧向,允许列车按照规定速度(一般限速不超过30km/h)越过信号机,运行至折返点。

绿灯表示道岔开通直向位置,允许列车按照规定速度越过该信号机进入区间。

红灯表示禁止列车越过该信号机。

黄灯+红灯表示引导信号,允许列车以不超过25km/h的速度越过该信号机进入区间。

正线上防护信号机用"X""F"等命名,以数字序号作为下标,下行咽喉编为单号,上行咽喉编为双号,从站外向站内顺序编号。

2. 阻挡信号机

在线路尽头处设置阻挡信号机,表示列车停车位置。阻挡信号机采用单显示机构,只有一个红灯。当阻挡信号机显示红灯时,列车应在距离信号机至少10m的安全距离前停下。

当车站设有阻挡信号机时,与防护信号机共同顺序编号。

3. 通过信号机

采用ATC系统的城市轨道交通,自动闭塞通过信号机已经失去主体作用,一般在区间不设置通过信号机。为便于司机在ATP设备发生故障时控制列车运行,可以根据需要设置通过信号机。

通过信号机采用三显示机构,自上而下灯位为黄、绿、红。

4. 进站信号机和出站信号机

车站可根据需要设置进站信号机、出站信号机,或仅设置出站信号机。

进站信号机设置在车站入口外方适当距离,用于防护车站内作业安全。进站信号机显示一个红色灯光表示不准列车越过信号机进入站内,显示一个绿色灯光表示允许列车按规定速度越过信号机进入站内。

出站信号机设置在车站出口,即列车由车站向区间发车处前方,指示列车能否由车站进入区间。出站信号机显示一个红灯表示不准列车出站,显示一个绿灯表示允许列车出发进入区间。

5. 车辆段(停车场)信号机

在车辆段(停车场)入口处设置进段(进场)信号机,在车辆段(停车场)出口处设置出段(出场)信号机。在同时能存放两列及以上列车的停车线中间设有列车阻挡信号机(可兼作调车信号机),车辆段(停车场)内其他地点根据需要设调车信号机。出入段信号机的配列同防护信号机。

调车信号机采用二显示机构,自上而下的灯位为白、蓝(或红),其显示意义分别为:白灯表示允许调车,蓝灯(或红灯)表示禁止调车。

(十)转辙机

1. 功能

转辙机(Switch Machine/Point Machine)是道岔控制系统的执行机构,用于锁闭道岔尖轨或心轨,表示监督联锁区内道岔尖轨或心轨的位置和状态。转辙机是由安装装置、各类杆件、转辙机、锁闭设备和挤岔装置组成(图1-12)。在集中联锁设备中,转辙机的作用是接到命令后带动道岔转换,其主要功能为:转换道岔、锁闭道岔尖轨、表示道岔所在位置,具体表现为:

图1-12 转辙机

(1)根据操作要求,将道岔转换至定位或反位;

(2)道岔转换至规定位置而且密贴后,自动实行机械锁闭,防止外力改变道岔位置;

(3)当道岔尖轨与基本轨密贴后,正确反映道岔位置,并给出相应表示;

(4)发生挤岔以及道岔长时间处于"四开"位置(尖轨与基本轨不密贴)时,及时发出报警。

2.基本要求

(1)作为转换器,应具有足够大的牵引力以完成道岔尖轨或心轨的转换,因故不能转换到其极限位置时,应能随时操纵使其返回原来的位置。

(2)作为锁闭器,当道岔尖轨或心轨转换到一个极限位置时,对尖轨或心轨实施锁闭,不应因外力解除该锁闭;因故转换不到极限位置时,不应实施锁闭。

(3)作为监督表示器,应能实时反映道岔的定位、反位和挤岔四开状态。

(4)道岔被挤后,在未修复前不应再使道岔发生转换。

3.分类

(1)按动作能源和传动方式分

按动作能源和传动方式,转辙机可分为电动转辙机、电动液压转辙机。

电动转辙机由电动机提供动力,采用机械传动方式,ZD6系列、S700K型、ZD9型、ZDJ9型转辙机都属于电动转辙机。

电动液压转辙机由电动机提供动力,采用液压传动方式,简称电液转辙机,ZYJ7型转辙机属于电液转辙机。

(2)按供电电源分

按供电电源转辙机分为直流转辙机和交流转辙机。

直流转辙机采用直流电动机,既有线路使用较多的ZD6系列电动转辙机就是直流转辙机。

交流转辙机采用三相交流电源,电动机为三相异步电动机。提速道岔、高速铁路及客运专线使用较多的S700K、ZDJ9型电动转辙机都属于交流转辙机。交流转辙机没有换向器和电刷,故障率低,单芯电缆控制距离远。

(3)按锁闭机构分

按锁闭机构,转辙机分为圆弧锁、插入锁和燕尾锁三种。

(4)按锁闭方式分

按锁闭方式,转辙机可分为内锁闭转辙机和外锁闭转辙机。

内锁闭转辙机锁闭机构设置在转辙机内部,尖轨通过锁闭杆与锁闭装置连接,ZD6等系列电动转辙机大多采用内锁闭方式。

外锁闭转辙机依靠转辙机外的锁闭装置直接锁闭密贴尖轨和基本轨,不仅锁闭可靠程度较高,而且列车过岔时对转辙机冲击小,有利于减少转辙机故障,我国新建客运专线与高速铁路大多采用外锁闭方式。

4. 转辙机的操纵和锁闭

(1)操纵方式

转辙机有电动转换和人工转换两种操纵方式。

设备正常时,运行操作人员利用控制台(或显示器)上的有关按钮进行集中操纵。停电、转辙机故障以及有关轨道电路故障时,只能使用手摇方式转换道岔。手摇转辙机时,先用钥匙打开遮断器盖,露出手摇把插孔,插入手摇把,摇动规定圈数使道岔转换至所需位置。转换完毕抽出手摇把,但安全触点断开,转辙机电路也断开,必须由电务维修人员打开机盖,合上安全触点,转辙机电路才恢复正常。多台转辙机牵引的道岔,必须摇动各台转辙机使道岔转换至所需位置,它们在集中操纵时是联动的,但手摇转换时必须一一摇动。手摇把关系行车安全,要实行统一编号,集中管理,建立登记签认制度。

(2)锁闭方式

对道岔实施锁闭指的是通过机械及电气方式将列车正在经过,或已发出指令允许列车经过(例如办理好进路)的道岔进行固定,防止道岔错误转换。

锁闭道岔的方式有机械锁闭和电气锁闭两种形式。机械锁闭是当道岔转换到位后,利用转辙机的内锁闭或外锁闭装置自动实现的,用于确保列车运行时尖轨与基本轨保持密贴。当设备故障时,需要人工利用钩锁器等设备对道岔尖轨实施锁闭,以保证行车安全。

电气锁闭是利用继电器触点等断开转辙机电路,确保列车占用道岔或已发出指令允许列车经过时,不会由于误操作导致道岔转换。

(十一)应答器

应答器(Balise)又称为信标,是一种地面向列车传输信息的点式设备,分为固定(无源)应答器和可变(有源)应答器。应答器的主要用途是向列控车载设备提供可靠的地面固定信息和可变信息。应答器是实现车地通信的重要工具。

应答器是一种能向车载子系统发送报文信息的传输设备,既可以传送固定信息,也可连接轨旁单元传送可变信息。

应答器设备向列控车载设备传送以下信息:

(1)线路基本参数:如线路坡度、轨道区段等参数;

(2)线路速度信息:如线路最大允许速度、列车最大允许速度等;

(3)临时限速信息:当由于施工等原因引起对列车运行速度进行限制时,向列车提供临时限速信息;

(4)车站进路信息:根据车站接发车进路,向列车提供线路坡度、线路速度、轨道区段等参数;

(5)道岔信息:给出前方道岔侧向允许列车运行的速度;

(6)特殊定位信息:如升降弓、进出隧道、鸣笛、列车定位等;

(7)其他信息:固定障碍物信息、列车运行目标数据、链接数据等。

无源应答器(也称固定应答器),用于发送固定不变的数据,用于提供线路固定参数,如线路坡度、线路允许速度、轨道电路参数、链接信息、列控等级切换等。

有源应答器(也称可变应答器),传输可变信息,必须通过专用的应答器电缆与 LEU 设备连接,可以根据 LEU 设备所发送的报文,向列车传送应答器报文信息。与 LEU(地面电子单元)连接,用于发送来自于 LEU 的报文,在既有线提速区段,有源应答器设置在车站进站端和出站端,主要发送进路信息和临时限速信息。

无论是无源应答器还是有源应答器,其工作原理是一样的。当列车经过地面应答器上方时,应答器接收到列控车载设备点式信息接收天线发送的电磁能量后,应答器将能量转换为工作电源,启动电子电路工作,把预先存储或 LEU 传送的 1023 位应答器传输报文循环发送出去,直至电磁能量消失。

每个应答器都有一个编号,并且该编号在全国铁路范围是唯一的。

无源应答器设于闭塞分区入口和车站进、出站端处,用于向列控车载设备传输闭塞分区长度、线路速度、线路坡度、列车定位等信息。有源应答器设置于车站进、出站端,当列车通过应答器时,应答器向列车提供接车进路参数、临时限速等信息。

应答器设备可以简单地理解为一个数据存储器和发送器,当车载天线激活该应答器时,应答器发送自身存储的应答器报文或地面电子单元(LEU)传送的应答器报文。

(十二) 紧急停车按钮

按压紧急停车按钮,联锁子系统获取紧急停车信息,通知 ATP 子系统向接近站台、站台和离去站台区域的相关列车发送紧急停车 ATP 相关信息。

1. 紧急停车按钮的作用

遇到人或物坠落轨道、侵入限界等紧急情况,且列车司机不能及时发现时,如列车继续运行可能会危及行车或人身安全,站务人员或乘客可以按压紧急停车按钮,使列车紧急停车。

紧急停车按钮触发后,相应站台的出站信号机及所有通向该站台进路始端信号机不能开放,如果已经开放,将立即关闭。

紧急停车按钮被按压后,站台附近的轨道电路区段为有效范围,进入限速区段的列车紧急制动。岛式站台的有效停车范围为按压侧站台的一条线路,侧式站台的有效停车范围为两侧站台间的两条线路,双岛式站台内侧的有效停车范围为中间两条线路,双岛式站台外侧的有效停车范围为被按压侧的一条线路。

车站控制室值班员负责对紧急停车按钮进行恢复,紧急停车按钮恢复后,相应管辖范围的紧急停车限制被解除,列车恢复运行。

2. 紧急停车按钮的操作

紧急停车按钮可安装在站台和车站控制室内,站台紧急停车按钮设有玻璃防护罩并配备小锤,车站控制室紧急停车按钮设有铅封。需要紧急停车时,侧式站台可以按压任意紧急停车按钮;岛式站台必须按压相应侧的紧急停车按钮。

(1)站台紧急停车按钮操作

遇紧急情况,站务员或乘客可使用小锤或其他物件砸碎紧急停车按钮的玻璃罩,按下红色按钮,使列车紧急停车。站务员按压紧急停车按钮或发现有人按压紧急停车按钮后,立刻报告车站值班员,车站值班员得到站务员报告或发现紧急停车按钮被按压后,立即前往现场了解现场情况,组织站台人员采取有效措施,并报告行车调度员。车站值班员可根据实际情况采取适当措施,保证迅速出清线路或进行安全防护。

待现场处理完毕,车站值班员应确认线路出清,确认行车条件恢复后,报告行车调度员,解除紧急停车。站台紧急停车按钮如图 1-13 所示。

(2)车站控制室紧急停车按钮操作

车站值班员通过视频监控系统(CCTV)发现紧急情况,或接到紧急通知后,直接按下车站控制室 IBP 盘紧急停车按钮。然后车站值班员立即了解现场情况,组织站台人员采取有效措施,并报告行车调度员。确认线路出清,恢复行车条件后,报告行车调度员,解除紧急停车。车站控制室紧急停车按钮如图 1-14 所示。

 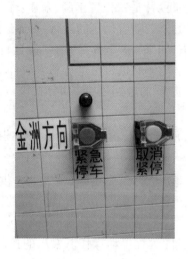

图 1-13　站台紧急停车按钮　　　　图 1-14　车站控制室紧急停车按钮

(十三)折返按钮

折返按钮能实现无人自动折返功能。列车折返操作 Trainguard MT 提供以下列车自动折返功能。

1. 停稳时的列车自动换端

在终点站或其他车站,支持停稳状态下的自动折返操作。将按照列车的当前任务进行自动换端,自动换端由司机启动。在驾驶室自动换端后,车载子系统具有与之前一样的列车控制等级,将激活的列车折返操作指示给司机。

2. 使用折返轨进行列车无人折返操作

该功能能够实现列车在终点站或其他定义区域进行折返作业,可以进行列车无人折返作业的区域在轨道数据库 TDB(线路数据库)中定义。如果列车位于一个处于 DTRO(无人驾驶列车折返运行)启动区域的站台内,车载子系统则给司机提供一个 DTRO 启动指示。司机通过按压列车上的无人折返按钮来触发 DTRO,站台上的无人折返表示灯开始闪烁,司机离开列车并按压站台上的无人折返按钮后,无人折返表示灯变为常亮。在 DTRO 过程中,司机可以在列车上,也可以走到 DTRO 到达站台。车载子系统驾驶列车驶入 DTRO 折返区域且完成换端,然后驾驶列车驶入 DTRO 到达区域。当检测到列车已停止于 DTRO 到达区域后,相应的门(车门和屏蔽门)被解锁且开启,折返作业结束后,在没有司机介入的情况下列车不能启动。无论列车驾驶模式为 RM、SM 还是 AM,均可进行手动换端操作,手动换端后列车驾驶模式为 RM 模式。

3. 自动折返

进路是由一系列由计算机联锁轨道区段的占用来触发的进路组成的,自动折返进路通常用于列车的折返 CBTC 模式及后备模式下,信号开放需要检查相应区段空闲、有关道岔位置正确、进路已锁闭、未实施人工解锁、敌对进路未建立、照查等条件正确后方可开放。在 CBTC 和后备模式下,车站值班员办理了自动折返进路的操作后,计算机联锁应在折返进路命令、检查相关条件满足后[道岔位置正确、未建立敌对进路、所有区段空闲(包括侵限区段)],顺序控制折返进路的办理,随着列车的运行,折返进路应自动解锁和自动触发相应的进路。在 CBTC 和后备模式下,如果相关进路已存在,设置自动折返进路属性后,进路状态保持不变。在 CBTC 和后备模式下,车站值班员进行了取消自动折返进路的操作后,计算机联锁取消自动折返进路属性,但已办理的进路不会被取消,该进路由列车运行自动解锁或办理了取消进路作业后解锁。

(十四)综合后备盘(IBP)信号功能按钮

IBP 盘又称综合后备盘,放置在地铁车站综合控制室内,IBP 盘由 IBP 面板、PLC(BAS 专业提供)、人机界面终端(其他专业提供并安装)、监控工作台构成。当车站值班操作员操作车站设备服务器或者人机界面出现故障时,可通过 IBP 盘对本车站进行应急管理,或在紧急情况下直接操作 IBP 盘上的按钮、钥匙开关等,采用人工介入方式进行运行模式操作和某些设备的远程单动操作。发出的控制信号输入 IBP 盘的 PLC,由 PLC 发出联动控制指令和某些设备的远程控制指令。另外,PLC 通过通信接口和 FAS 报警控制器连接,接收 FAS 报警控制器直接传来的火灾模式指令,并将火灾模式信息转送到现场冗余 PLC 和 BAS 工作站。

IBP 盘上设置紧急控制按钮、状态指示灯等,对重要设备进行应急监控,其控制级别高于各系统操作站。在需要时经授权后按压相关按钮,实现对应的信号控制功能。

三、ATS 信号设备

(1)中央 ATS 信号设备

中央 ATS 信号设备由以下设备构成:

①ATS 主机服务器,运行 ATS 集中运行控制应用软件;

②ATS 数据库服务器,运行数据库报表生成应用软件;

③ATS 通信服务器,运行和非 ATS 子系统通信的通信应用软件;

④ATS 接口服务器,用于处理 ATS 通信系统服务器和外部系统之间的通信;

⑤ATS 培训服务器,提供与正常 ATS 服务器环境相关的培训工作站,并具有培训 ATS 用户的仿真功能;

⑥ATS 用户工作站,用于处理、显示请求和指示;

⑦运行图/时刻表编辑工作站,用于生成/编辑时刻表;

⑧大屏接口工作站,用于处理、显示请求和指示;

⑨接入交换机,用于处理连接到以太网的设备数据;

⑩数据存储系统,用于连接数据库服务器;
⑪打印设备,用于打印报表等;
⑫预留接口,提供与其他系统的接口。

(2) 车站 ATS 信号设备

车站 ATS 信号设备包含一套远程 ATS 主机服务器、远程 ATS 通信服务器、远程 ATS 车站工作站和打印机。其中远程 ATS 主机服务器和远程 ATS 通信服务器在中央 ATS 服务器不可用时,为中央 ATS 服务器提供第三级备份服务。远程 ATS 车站工作站提供列车运行的本地显示,取得授权后,实现对本地联锁区域的控制功能。

(3) 车辆段/停车场 ATS 设备

车辆段一般设一台 ATS 分机,用于采集车辆段内的检修车辆、存车库线的列车占用及进/出车辆段的列车信号机的状态,并在控制中心显示屏上给出以上信息的显示,以便帮助中心车辆段值班员及车辆管理人员了解段内停车库线列车的车次及车组运用情况,正确控制列车出段。

四、数据通信系统设备

(1) 轨旁数据接入网络设备

轨旁数据接入网络设备提供各轨旁子系统和轨旁设备接入数据通信子系统的接口。

(2) 骨干传输网络设备

骨干传输网络设备采用双环拓扑结构,当单个设备发生故障时,不至与其他网络设备的通信信息丢失。

(3) 车载数据通信网络设备(MR)

车载数据通信网络设备由车头驾驶室网络部分和车尾驾驶室网络部分组成。车头/车尾驾驶室网络部分由车载无线网络单元、车载天线、车载网络交换机和车载 CBTC 系统设备组成,车载网络系统是整个信号系统进行数据传输、数据交换的重要设备。

五、车辆段信号系统设备

(1) 计算机联锁系统

车辆段计算机联锁系统包括联锁计算机、接口设备、控显设备、电务维修终端设备、打印机、打印服务器、防雷元件等。该系统部件实现对车辆段或车场内信号设备联锁功能,并提供与通信时钟系统、正线信号联锁系统、正线—车辆段 ATS 系统、试车线信号系统、洗车线信号设备的接口。

(2) 微机监测系统

车辆段微机监测系统包含站机、采集机、维修终端、通道防雷隔离元件、采集用的继电器及组合架等。信号微机监测系统作为一个集中管理机器,集中处理各种采集机采集的实时信息,并进行显示和存储,同时又为操作人员提供人机界面。

(3) 电源系统设备

车辆段电源系统,一般由信号智能电源屏、UPS 电源及蓄电池组成,智能电源屏向监测系统提供电源屏输入电压、电流和电源屏输出电压、电流、频率、功率。

（4）信号机

车辆段信号机一般有红、黄、蓝、白4种灯位显示,用于指示进路开放情况,指示列车调车作业。

（5）转辙机

车辆段信号系统转辙机用以转换道岔,实现进路建立、变更、锁闭等功能。

（6）轨道电路

轨道电路是以钢轨为导体,两端加上机械绝缘(或电气绝缘),接上送电和受电设备所构成的电路(图1-15)。轨道电路用于监督线路的占用状态,为开放信号、建立进路提供依据,并传输行车信息,从而实现对追踪列车的控制。

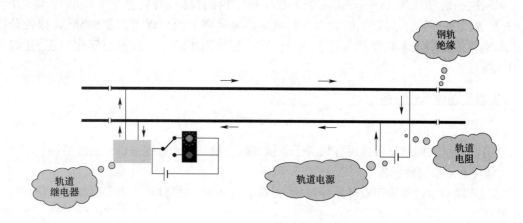

图1-15　轨道电路的结构示意图

知识拓展

进一步收集城市轨道交通信号系统设备的相关知识。

任务实施

1. 对本任务理论知识进行整理归纳,明确学习目标,准备学习参考资料。
2. 学生分组制订学习计划,预习下一个任务的相关知识。
3. 各小组讨论学习城市轨道交通信号系统设备。
4. 各小组间交流并汇报学习的结果。
5. 填写如下任务实施考核评价表。

任务实施考核评价表

考核内容	分值	标准	学生自评	小组互评	教师评定
车载信号设备	10	了解车载信号设备的种类			
计轴	10	能准确说出计轴的功能及使用			
转辙机	10	熟知转辙机的功用			

续上表

考核内容	分值	标　准	学生自评	小组互评	教师评定
防雷分线柜及组合柜	10	能熟练说出防雷分线柜及组合柜的功能			
蓄电池	10	掌握蓄电池的应急使用			
UPS 电源	10	对 UPS 电源的熟知程度			
紧急停车按钮	10	会使用紧急停车按钮			
应答器	10	能对 ATP 常见故障进行定位			
遇到问题时的应急处理能力	10	能及时反馈问题信息			
讨论问题的表现	10	态度端正、积极参与			
成绩					
总成绩					

复习思考题

1. 城市轨道交通信号系统的设备主要有哪些？
2. ATP 子系统的基本功能是什么？
3. ATO 子系统的基本功能是什么？
4. ATS 子系统的基本功能是什么？
5. CI 子系统的基本功能是什么？
6. 简述城市轨道交通信号系统的特点。
7. 简述城市轨道交通信号系统的分类。
8. 简述城市轨道交通信号系统的构成。

模块二 车载信号系统

知识目标

1. 掌握车载信号系统的组成。
2. 认识车载信号系统的作用。
3. 掌握车载信号系统的原理。

能力目标

1. 能正确说出车载信号系统的基本构成。
2. 能熟知车载信号系统的作用。
3. 能熟悉车载信号系统的原理。

重点掌握

1. 车载信号系统的组成。
2. 车载信号系统的作用。

单元一 车载信号系统组成

教学准备

1. 城市轨道交通信号模拟仿真实训室或车辆段车载设备现场。
2. 教学用的PPT、视频、图片及相关教学资料。
3. 车载信号设备相关模型。

基础知识

在城市轨道交通信号系统中,一般以车载信号作为"主体信号",除正线道岔区域外,一般不设信号机。车载信号系统按其功能要求分为两个子系统,即车载ATP子系统和车载ATO子系统。车载信号系统可实现列车定位、位置/速度测定、信标检测、安全制动模式、列车追踪、速度监督、运动方向监控等功能。

一、车载ATP子系统

该子系统是车载信号系统的核心部分,其主要功能包括超速防护和制动保护。车载ATP

系统从轨旁电路 ATP 系统接收限速命令，同时从车载速度传感器读取列车实际速度，并将其与限速命令比较，保证车辆在允许的速度范围内行驶。如果列车超速行驶，该子系统将自动实施制动，直到列车速度降到允许范围内。除此之外，车载 ATP 子系统还能够实现零速度检测和车门控制等功能。作为车载信号系统的核心设备，车载 ATP 系统采用冗余设置，有双机热备方式和三取二两种冗余方式，双机热备设有主、副 ATP 两个模块，互为备用，保证系统正常运行，三取二冗余为三套 ATP 模块，只要两套完好，就能保证系统正常运行。

一般情况下，ATC 系统列车两端的车载 ATP 设备采用三取二结构，列车头尾冗余配置，完成列车头尾两端的自动换向功能。每列列车的一端包括：车载控制器机架、查询应答器天线、速度传感器、加速度计、车载通信网络以及实现信号功能的其他按钮等设备，这些设备一部分放置于驾驶室，一部分放置在车底，如图 2-1、图 2-2 所示。

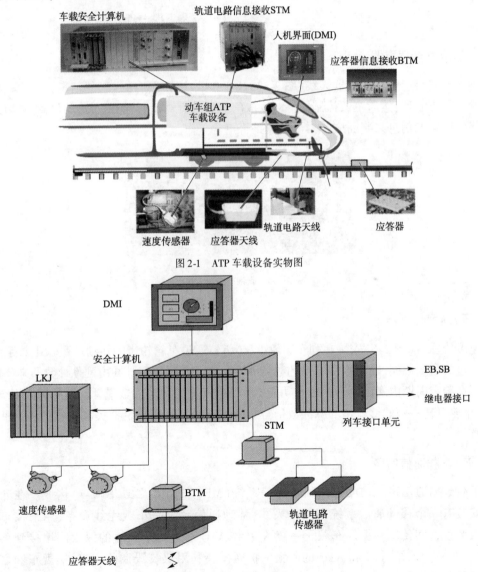

图 2-1　ATP 车载设备实物图

图 2-2　ATP 车载设备系统结构图

(一)车载控制器(CC)

每列车有两套车载控制器,分别设置在列车车头和车尾,该设施安装在开放的支架内与框架相配。车载控制器机架包括一个 ATP/ATO 机箱,两个外围设备机箱,再加上一个与安全继电器(图 2-3)和连接器接口的面板。CC 机柜内装有查询应答器,如图 2-4 所示。

图 2-3 安全继电器

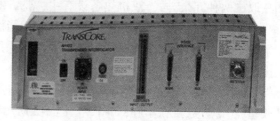
图 2-4 装于 CC 机柜内的查询应答器

(二)应答器读取器

列车上安装应答器读取器天线(图 2-5),用于接收应答器传送过来的信息,并负责把信息提供给车载控制器,然后车载控制器将对读取的信息进行对比,并能通过应答器磁场强度和应答器正在读取的信息来判断应答器读取器是否正常工作。

图 2-5 查询应答器天线

(三)速度传感器

速度传感器(图 2-6)安装在列车车轮上,传感器通过车轮轮齿的转动计数输出数字脉冲,轮齿转过的角度不同,输出数字脉冲的数量就不一样。这些数字脉冲由硬件计数器来计数,从而实现在给定周期内测试列车速度的功能。传感器和设备配置的数量针对不同的应用会有所不同,车轮每转一圈能够输出的脉冲数量与速度传感器的通道数量有关和输出通道之间的相移也有关系。

(四)车载通信网络

车载数据通信系统(DCS)由移动通信系统(MR)和 MR 天线(图 2-7)构成。在列车两端各安装有一个移动通信系统和两个天线,移动通信系统是车载无线设备,用来在车载设备和轨旁设备间传输数据。车载子系统 ATP 和 ATO 通过两个独立的以太网连接到移动通信系统,车载子系统 ATP 和 ATO 的以太网扩展模块利用双绞线彼此连接,实现车厢之间的网络通信。

模块二 车载信号系统

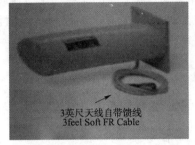

图2-6 速度传感器　　　　　　　　　图2-7 车载 MR 天线

（五）TOD 列车操作人员操作设备

TOD 列车操作人员操作设备即列车司机控制台显示器（图2-8），其报警器在超速时发出报警，其显示信息包括车载设备状态、当前驾驶模式、超速、速度表停车点等信息，具体显示信息根据不同用户需求及供货商特点有所区别。

（六）加速度计

加速度计（图2-9）用于检测列车运行过程中可能出现的打滑或空转情况，安装于 CC 机柜底部，每个 CC 机柜内有4个加速度计，其中两个是数字型的，两个是模拟型的。模拟设备和数字设备消除共模错误，通过交叉检测保证系统的安全。不同厂家生产的加速度传感器配置有所不同，但加速度传感器与车辆系统不会有直接接口。

图2-8 列车控制台显示器　　　　　　图2-9 加速度计

（七）实现信号功能的其他按钮设备

除以上车载信号设备外，还有很多车载按钮用以实现其他的车载信号功能，如用来选择列车驾驶模式的按钮或功能开关。

二、车载 ATO 子系统

该子系统相当于列车自动运行时的"大脑"，该系统能够根据接收到的相关指令信号实现车辆的自动驾驶，包括车辆的加速、减速、平稳行车和进站后的定点停车等。

车载 ATO 子系统包括车载 ATO 模块、ATO 车载天线和人机界面。列车司机通过人机界面可以将列车运行的模式选择为 ATO，启动列车在 ATO 模式下运行。ATO 车载天线可以实现列车自动驾驶系统的车载模块与地面设备之间的信息交换。车载 ATO 模块是列车自动驾驶系统的核心组成部分,每列车上设置两套车载设备:一套在头车,另一套在尾车。每一套车载设备又包括两个独立的 ATO 模块,一个主用,另一个备用。

知识拓展

进一步查阅与车载信号设备有关的资料,完善对车载信号系统的认识。

任务实施

1. 对本任务理论知识进行整理归纳,明确学习目标,准备学习参考资料。
2. 学生分组制订学习计划,预习下一个任务的相关知识。
3. 各小组讨论学习车载信号系统组成。
4. 各小组间交流并汇报学习的结果。
5. 填写如下任务实施考核评价表。

任务实施考核评价表

考核内容	分值	标　　准	学生自评	小组互评	教师评定
车载机柜	15	对车载机柜的理解			
应答器读取器	15	能准确说出应答器读取器的作用			
速度传感器	20	掌握速度传感器的作用			
TOD	15	能准确说出 TOD 的作用			
加速度计	15	能准确说出加速度计的作用			
车载 ATO 子系统	20	掌握车载 ATO 子系统			
		成绩			
		总成绩			

单元二　车载信号系统作用

教学准备

1. 城市轨道交通信号模拟仿真实训室。
2. 教学用的 PPT、视频、图片及相关教学资料。

基础知识

城市轨道交通信号系统是保障运营安全,实现行车指挥和列车运行自动化,提高城市交通运输效率的重要机电设备。而车载信号系统作为轨道交通信号系统的关键组成部分,直接负责列车的运行控制,因此车载信号系统的作用巨大。

在特定情况下,车载信号系统利用专用无线通信系统传输通道进行车辆位置信息传输和信息共享,辅助调度人员指挥,满足运营需要。

一、车载信号系统作用概述

(一)车载信号系统保证列车的运行安全

车载信号系统通过与车辆系统间接口与列车进行通信,向列车传递指令,并由车辆执行命令完成对列车的运行控制。比如,在 ATO 模式下的运行列车对旅客的报站广播等控制指令,来源于车载信号系统与车辆系统的接口通信,而所有命令的执行全部由车辆来完成。

车载信号设备与车辆的接口可分为机械接口与电气接口,接口本身又分输入接口与输出接口。机械接口安装是严格按照供货商对信号系统设备机械尺寸及安装位置要求在车辆上进行的。车载信号与车辆之间的接口主要是一些控制命令的输入、输出。列车两端驾驶室 ATC 设备的通信,均采用硬线连接传输的方式,通过直接检测分线盘端子是否有 24V 输入电压,即可判断出是信号设备本身的故障,还是按钮本身或是按钮至 ATC 设备的接线故障,即车辆故障。

(二)实现车地之间的信息传输与控制

车辆位置信息的信源是车载信号设备,信宿是控制中心专用无线系统 CAD 调度服务器和调度台,通信车载台在接收、解析该类信息之后将进一步转发给 CAD 调度服务器,由后者在系统内部实现信息共享,分发给相应的调度台等设备。

(三)实现系统短数据传输服务共享

本系统中主要有以下两种数据传输需求使用到系统提供的短数据传输服务:

(1)通信车载台、固定台与 CAD 调度系统之间定制数据传输需求:包括对时信息、呼叫请求、列车位置更新等,其中出现最多的数据是车辆位置更新。

(2)控制中心设备到通信车载台之间的数据传输需求:车载信号车辆位置信息。

根据总体的设计思路,第一种数据传输主要是下行数据传输,第二种数据传输主要是上行数据传输,这两种数据传输相互之间影响较小。

(四)采用专用无线通信系统短数据传输通道,车载信号传输性能得到提高

从通信车载台到无线系统控制中心设备之间采用系统提供的短数据传输服务实现数据传输,使用无线系统的短数据传输服务直接提高了车载信号列车位置信息传输性能。

(五)实现信号系统资源共享

基于计算机及数字信号处理技术的原理,通用信号车载设备利用一套硬件平台识别处理多种制式的地面信号,从而使得列车在多制式地面信号的条件下实现安全运行。例如,干线铁路通用式机车信号采用数字信号处理(DSP)技术解决了干线铁路信号多制式问题,保证了提速列车长交路、跨线的安全运行。为北京地铁 2 号线研制的 LCF-100(DT)超速防护车载设备通过软件,实现了兼容北京地铁 1 号线由英国西屋提供的地面信号系统的功能。但是,这种方式需要业主进行组织协调,因为这样的通用车载设备需要与不同厂商的地面设备进行配合,协调工作难度比较大,但是优势是非常明显的。

二、车载信号系统作用及原理

(一)列车定位功能

列车定位功能可从以下几方面进行描述:列车位置信息、列车定位过程、列车运行方向。

1. 列车位置信息

列车有两种位置类型:安全位置和非安全位置。

1)安全位置

列车的安全位置包括最大安全前端位置及最小安全后端位置。最小安全后端位置及最大安全前端位置包含整个列车的长度,列车的前进方向决定了列车长度将向哪个方向延伸及列车的首尾端位置。ZC 根据 CBTC 列车汇报的位置计算列车的安全位置,需要考虑如下系统参数:测距误差;位置汇报的生存周期;列车的最大速度;列车的加速度;退行距离。

2)非安全位置

列车的非安全位置即根据车载运行为列车计算的列车位置。

造成列车位置测量误差的原因有:

(1)信标检测误差;

(2)数据收集时间的不确定性;

(3)轮径校准误差;

(4)空转/打滑时加速度计的校准误差。

2. 列车定位过程

对每列列车来说,列车定位包括初始定位和持续定位两种过程。在持续定位过程中,通过不断地进行位置校正以消除里程计的累计误差。列车必须检测到两个相邻的应答器处于初始化阶段才能完成列车定位过程,系统可以测定计算走行距离,并通过里程计进行累积,在列车初始位置的基础上通过速度传感器和电子地图实现列车的持续定位,并利用线路上的应答器对列车位置进行校准以实现列车的精确定位。列车位置信息包括列车头尾两端的位置和方向。

3. 列车运行方向

该参数描述常规方向的列车的移动方向。当列车自起点向终点移动时,移动方向是正向的,而向相反方向移动时,移动方向是反向的。

(二)列车位置/速度测定功能

(1)列车位置测定功能是系统自动实现的,不需要手动输入列车位置,系统可自动检测并确定配有车载设备且驶入 CBTC 区域的列车位置。

(2)列车速度测定功能的测量精度可以满足列车运行和安全要求,系统速度测量精度参数为 ±0.5km/h(测速范围为 0~100km/h)。

(3)对于不精确的列车位置/速度测定结果,信号系统可对其进行补充修正。车轮转动可以作为列车位置/速度测定功能的依据,如果车轮打滑、空转或车轮尺寸发生变化(磨损、调校、更换)而产生位置误差的话,该功能可对误差做出修正。

(三)安全制动模式功能

安全制动模式是在列车减速停车的过程中,对列车运行情况进行分析。配有车载信号设备的列车,停车距离小于或等于安全制动模式确保的距离。

(四)列车追踪功能

列车追踪功能涉及区域控制器(ZC)和车载控制器(CC)两个子系统,其中 ZC 通过对比法来确定列车的位置。列车追踪的主要功能是提供数据,以保证列车的安全运行间隔,这些数据可被看作是上报列车或者非上报列车所处位置的网络地图。每个 CC 提交一份位置报告,包含列车识别号,前后车头位置,加上安全的估计位置的不确定值。列车识别号实际上是"CC 识别号",在每个 CC 上安全地编码硬件,防止两个 CC 有相同的识别号。

(五)移动授权下的移动闭塞列车间隔

信号系统把移动授权限制在前方列车尾部的安全距离外方停车点。

信号系统安全列车间隔功能包括:

(1)根据 ATP 曲线计算 ATP 固定数据和 ATP 可变数据。

(2)ATP 曲线受安全制动模式管理,可确保在任何情况下,配有车载设备的列车都不会超出移动授权限制。

(3)旁路信号车载设备安全列车间隔功能,列车可超出其移动授权限制(如以一定速度限制)。但此情况下,列车运行安全由司机保证。

(六)速度监督功能

CC 能对速度传感器和加速计输入的数据是否一致进行监控。如果监测到速度传感器和加速计数据的非正常变化,则会对异常情况进行记录。非常规变化表明列车出现了打滑或空转现象,或者可能出现速度传感器信号丢失的情况。一旦检测到空转或打滑现象时,CC 会根据加速计的实际加速或减速情况计算速度值,如果这种情况持续了规定时间,CC 将会警报。

CC 将利用速度传感器上的安全速度和位置及加速计测量出来的加速度来更新列车速度和位置,且位置误差通过信标来消除。

(七)轮径确认及磨损补偿功能

为测速精度系统提供自动轮径校正功能,用于列车车轮磨损或其他原因变化后获得列车最新的实际轮径值。

自动轮径校正功能通过精确布置在转换轨附近的两个连续应答器之间实现,距离大于 20 米,轮径补偿范围为 770~840mm。列车在进入正线前,或者退出运营回库时,可完成对列车轮径的自动校正。

(八)停车保证功能

停车保证功能指的是当发生人工取消进路的情况时,能保证 CBTC 列车在信号机前方停下来。

如果列车在 CBTC 系统控制下,并且没有超速,或者保证列车已经停止,CC 将连同位置信息一起,发出一个"停车保证"的表示。

如果列车在 CBTC 控制下,并且已超速,CC 将记录这个请求,直至列车停止,或直至 CC 能够发出一个"停车保证",或直至列车超出了停车保证请求信息中所提供的范围。

(九)运动方向监控功能

CBTC 区域内的运行方向管理对合理地为 CBTC 列车建立移动授权非常重要,包括下列因素:

(1)司机可以通过驾驶室激活请求运行方向。

(2)车载 CBTC 设备从 ZC 处获取 MAL(移动授权)确定列车运行方向。

(3)由某一区段的 ZC 设定列车运行方向。

如果某一区段的列车运行方向已确立,系统就不会为该区段的列车再指派相反方向的移动授权。

(十)超出停车标范围的后退防护功能

当停车误差在 0.5~5m 时,允许以人工驾驶模式倒车使列车位于停车有效范围内,且列车退行速度不应超过 5km/h,并且倒车操作不能超过 2 次,倒车移动距离不能超过 5m。在倒车过程中 ATP 将对其实施监控,并在下列情况发生时实施紧急制动:

(1)列车反向移动速度超过 5km/h;

(2)全部反向移动距离超过 5m;

(3)进行了两次以上的反向移动。

在 ATO 模式超出停车标范围后,司机需将驾驶模式切换到 ATP 模式后倒车。

(十一)进路联锁功能

信号系统提供的进路联锁功能与传统的联锁功能相同,即防止列车追尾及脱轨。此功能在 MicroLok Ⅱ内实施,包括在列车进入联锁区之前及列车进入联锁区后对进路进行锁闭。在进路开通并锁闭后,道岔区段才会获得移动授权,只有当列车驶过道岔区段且被证实后,或移动授权已被取消并且生效后,相关进路才能解锁,进路才能开放。

(十二)超速防护功能

在安全制动模式下确立、监督及执行 ATP 曲线时,CC 会确保在任何条件下(包括故障),列车的实际运行速度都不会超过安全行驶速度。安全速度的确定有以下因素:

(1)ATP 曲线规定的区段永久限速;

(2)ATP 曲线规定的区段临时限速;

(3)适用于特定等级或配置的列车永久限速;

(4)列车在移动授权范围内安全停车的最大速度;

(5)列车减速至移动授权范围内永久或临时限速的最大速度。

(十三)门控功能

在 AM(自动运行)和 ATB(自动折返)模式下,ADO/ADC(自动开门/自动关门)、ADO/MDC(自动开门/手动关门)和 MDO/MDC(手动开门/手动关门)功能都能用。在 ATP 人工驾驶模式和 IATP 下,MDO/MDC 可用。

1. 车门开启授权

列车到站并停在允许的误差范围内,列车门与滑动门对准,车门开启。车门可依据运行模式的不同人工或自动打开,CC 会提供开启哪一侧车门的提示。

2. 站台屏蔽门开启授权

MicroLok Ⅱ 可安全地提供正确一侧的站台屏蔽门的门使能和取消,也能向它们发送开门和关门指令。列车到站并停在允许的误差范围内,列车门与滑动门对准,信号系统向屏蔽门中央控制盘发出开门命令,中央控制盘向门控器发出开门命令,门控器控制门机系统打开滑动门。在开门过程中,每道滑动门门头上安装的门状态指示灯闪烁;滑动门完全开启后,门状态指示灯稳定点亮。

3. 车门状态监控

如果在列车移动时 CC – ATP 未检测到"所有门关闭"的信息,就将实施完全常用制动。

4. 站台屏蔽门状态监控

站台屏蔽门的状态信息由 MicroLok Ⅱ 负责接收。

如果在列车未进站前屏蔽门已经打开,那么 ZC 将检测到此情况并且禁止列车接近车站站台。

5. 车门关闭顺序

列车启动前,司机可以选择人工关车门模式。如果在 ATO 模式下,且关车门模式选择开关位于"自动"位置,车门则会自动关闭。

门控制开关有三档:自动开门/自动关门(ADO/ADC),自动开门/手动关门(ADO/MDC)和手动开门/手动关门(MDO/MDC)。

(十四)列车完整性监督功能

(1) CC 能显示列车完整性信息,当 CC 检测到列车完整性丢失时,将实施紧急制动(EB)。一旦列车完整性丢失,除非完整性恢复,否则只能切除运行或者等待救援。

(2) 信号系统能够根据车辆提供的输入信息分别对列车进行检测和防护。

(十五)站台/车站综合后备盘紧急关闭按钮功能

车站的站台和控制室都设有紧急关闭按钮,一旦这些按钮被按下,本按钮管辖站台区域内的信号将立刻被关闭,且这些区域内的移动授权也被取消。

如果在 CBTC 列车已经进入站台区域时紧急停车按钮被按下,则列车将立即紧急制动并停车;如果 CBTC 列车正在接近站台,则 ZC 会将 MAL 更新到站台附近,为了防止列车接近站台区域,列车将会根据与站台的距离来决定施加全常用制动还是紧急制动。

(十六)ATS 扣车和站台扣车

在 CBTC 模式下,当中央调度员通过 ATS 工作站设置了扣车后,车站发车指示器(DTI)将停止倒计时,显示扣车状态,MLK 关闭出站信号机。当 CC 收到该信息后,禁止列车离开站台,但 ZC 不会撤消其安全 MAL(移动授权)。

在 CBTC 模式下,当车站值班人员通过 IBP 盘设置了站台扣车后,MLK 将首先关闭相应的信号显示,当 CC 收到该信息后,CC 将禁止列车离开站台,MAL 不会随着扣车或站台扣车而改变。

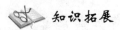知识拓展

区域控制器

区域控制器(ZC)又被称为轨旁ATP,是CBTC中关乎安全的核心设备。车载ATP周期性地确定本列车的位置,并且向ZC发送位置信息以及列车行驶方向信息。ZC基于相邻ZC及本控制区域内线路的当前状态、行驶方向以及进路等为其辖区内的每列车确定移动授权。ZC从ATS接收各种数据信息和状态信息,并对这些信息进行处理,对管辖范围内的列车计算移动授权,并且通过无线局域网发送给列车,以控制列车安全运行。与此同时,ZC也接受ATS发送的限速指令。ZC是连接地面和车载的中间设备,对于有道岔车站,可以实现本站与相邻道岔站的ATP控制。ZC通过车载设备获取列车的实时位置、方向及速度等信息,并将这些信息汇报给CI和ATS,之后CI通过此信息排列进路,ATS通过此信息对列车运行状态进行监督和显示。

综上所述,ZC具有如下功能:
(1)接受运行列车的动态位置信息;
(2)根据前方线路情况、列车位置、调度命令及排列进路等情况,计算并发送列车的MAL;
(3)通过联锁信息,获取前方障碍物的信息;
(4)与相邻ZC通信,实现跨区运行;
(5)记录列车的移动授权和调度命令。

任务实施

1. 对本任务理论知识进行整理归纳,明确学习目标,准备学习参考资料。
2. 学生分组制订学习计划,预习下一个任务的相关知识。
3. 各小组讨论学习车载信号系统作用。
4. 各小组间交流并汇报学习的结果。
5. 填写如下任务实施考核评价表。

任务实施考核评价表

考核内容	分值	标　　准	学生自评	小组互评	教师评定
列车定位功能	10	能描述列车定位功能			
列车位置/速度测定功能	10	能准确说出列车位置/速度测定功能			
列车追踪功能	10	能准确说出列车追踪功能			
信号系统安全列车间隔功能	10	了解信号系统安全列车间隔功能			
超出停车标范围的后退防护功能	10	能熟悉说出超出停车标范围的后退防护功能			
速度监督功能	10	掌握速度监督功能			

续上表

考核内容	分值	标准	学生自评	小组互评	教师评定
停车保证功能	10	掌握停车保证功能			
运动方向监控功能	10	了解运动方向监控功能			
门控功能	10	掌握门控功能			
遇到问题时的应急处理能力	5	能及时反馈问题信息			
讨论问题的表现	5	态度端正、积极参与			
成绩					
总成绩					

单元三　车载信号系统原理

1. 城市轨道交通信号模拟仿真实训室或车辆段车载设备现场。
2. 教学用的 PPT、视频、图片及相关教学资料。

一、车载 ATP 子系统原理

为了确保线路列车安全、高速、高效地运行,ATP 子系统成为必要设备。它的主要功能是监督及控制列车在安全状态下运行,满足"故障—安全"原则。按闭塞制式分类,目前用于城市轨道交通系统的闭塞方式有三种:固定闭塞、准移动闭塞和移动闭塞。

1. 基于传统音频轨道电路的固定闭塞 ATP 系统原理

固定闭塞又称分级速度控制方式或台阶式速度控制模式。这种控制模式通过固定划分区段的轨道电路提供的速度信息来完成列车超速防护,实施台阶式的速度监督,使列车由最高速度逐步降至零。列车超速时由设备自动实施最大制动或紧急制动,使列车安全停车,列车速度监控采用的是闭塞分区入口/出口检查方式。出口检查方式的 ATP,控制列车在出口的速度不超过下一闭塞分区的限制速度。入口检查方式的 ATP,在自动闭塞分区入口处给出列车限制速度值,控制列车到出口时不超过限制速度。

2. 基于报文式轨道电路的准移动闭塞 ATP 系统原理

一般采用数字式音频无绝缘轨道电路(图 2-10)或计轴来检测列车对轨道线路的占用与出清情况,以判别列车在区间的运行位置;采用感应电缆环线方式作为列车的 ATP 信息传输媒介。准移动闭塞 ATP 系统,通过音频轨道电路的发送设备向车载设备提供目标距离、目标速度、线路状态信息,结合固定的车辆性能信息,ATP 车载设备计算出适合本列车运行的速度、距离曲线。

3. 基于通信的移动闭塞 ATP 系统原理（图 2-11）

基于通信的移动闭塞 ATP 系统依靠交叉感应电缆环线、漏缆、裂缝波导管以及无线电台等方式实现车地间双向数据传输，监测列车位置并据此计算出每一列车实时的运行权限，列车根据接收到的运行权限和自身的运行状态计算出列车运行的速度曲线，车载设备保证列车在该速度下运行，ATO 子系统在 ATP 保护下，控制列车的牵引、巡航、惰行及制动。

图 2-10 无绝缘轨道电路

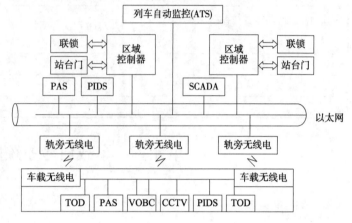

图 2-11 基于移动闭塞的 ATP 系统

二、车载 ATO 子系统原理

（一）列车运行控制原理

1. 自动运行

ATO 使用三种传感器，分别是位置传感器、速度传感器和加速度传感器，以适应不同的坡道，来实现精确停车及最小追踪间隔。列车定位和速度控制均有自己的算法，除了采用传统的比例积分微分处理器，提高旅客的乘坐舒适度，ATO 的定位和速度控制算法中考虑了对急加速冲击的控制，其中使用加速度计来检查和修正空转和打滑。

2. 牵引/制动控制

ATO 使用经由冗余 RS485 连接 ATO 与 TMS 的接口，将牵引/制动命令发送给车辆。发送的信息包括：牵引指令、制动指令、牵引制动效力指令、保持制动请求、CC 状态、CC 故障信息、PIDS 信息、时间和日期等。

3. 土建节能坡控制

在目前的系统设计中，惰行可由 ATS 指定 CC 执行。通过 ATS 发送的性能参数来决定 ATO 速度曲线，每级运行等级对应一条速度—距离曲线。ATO 通过轨道数据库来查询当前和下段等级信息，根据轨道土建条件的实时数据来调整牵引/制动所施加的力度，以实现最优速度调整和站停。

（二）站停控制原理

站停功能采用闭环控制算法，使列车停靠在站台上。在算法当中，制动率是调整实际制动率的一个重要参数，其中，实现站台精确停车是通过使用传感器和站台信标的位置输入数据来实现的。位置数据输入通常用来确定停车曲线的起始点，站台信标可提供距离分界，精确停站,基于列车位置的精确测量可以满足位置精度要求。

(三)跳停控制原理

通过 DCS 子系统,CC 中的 ATO 可从 ATS 处接收跳停下一站的指令,并且该指令需要在前一个站列车停稳前进行设置。然后,车辆继续运行并通过下一站而不停车。

如果列车在站停曲线内收到跳停本站指令,CC 中的 ATO 通过点亮 TOD 上的跳停指示来通知操作员列车不停留在本站台。如果列车在站停曲线以外,可取消跳停本站指令。

(四)扣车控制原理

扣车是指列车到站停车后保持制动的状态。

无论列车处于 AM 还是 ATP 模式下,ATS 都将发送扣车指令到 DTI,实现设置扣车和取消扣车的功能。

1. 设置扣车

ATS 会在列车停站或者即将进站时,发出一个扣车指令。

如果发出此指令时列车正在运行,则 CC 将继续执行列车运行到下一站,然后在停车位置扣车。一旦扣车指令激活,列车将停留在站台,并且保持车门打开状态。

2. 取消扣车

ATS 可对扣车进行取消。

(五)未到达站台和越过站台控制原理

正常条件下,车站停车曲线会使列车在站台停车点停车。若发生未到站停车,可通过 CC 调节速度进行牵引控制,完成移动。CC 完成移动后,若列车还未与站台对齐,采取激活开门允许指令来打开车门;若发生越过停车,ATP 发出报警并保持警报状态,CC 仅允许列车在 ATP 模式下向后移动或建议列车行驶到下一车站。

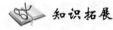

数据通信系统(DCS)

1. 组成

DCS 是数据通信系统。DCS 子系统承载着 CBTC 系统中各信号设备之间的数据通信业务,是 CBTC 系统中各子系统数据交互的平台。DCS 子系统在全线提供透明的车地、地车双向和连续的信息传输通道。DCS 子系统分为有线网络部分、无线网络部分和网络管理部分,其结构如图 2-12 所示。

有线网络部分由骨干传输设备和各站的接入交换机组成。信号设备在各站通过网线连接到接入交换机上实现本站的互联互通,再通过骨干网络实现站间通信。

无线网络部分由轨旁无线数据通信器(WDU-TS)和车载无线数据通信器(WDU-OB)组成。在轨旁以一定间隔布置轨旁无线数据通信器(WDU-TS),当车载无线数据通信器(WDU-OB)在无线网络中注册后,即可与轨道沿线的轨旁无线数据通信器(WDU-TS)建立连接,实现车地的透明、双向通信。

网络管理部分可实现对全网网络设备的实时监控和远程控制,极大地方便了操作维护人员对网络设备的日常维护和管理。

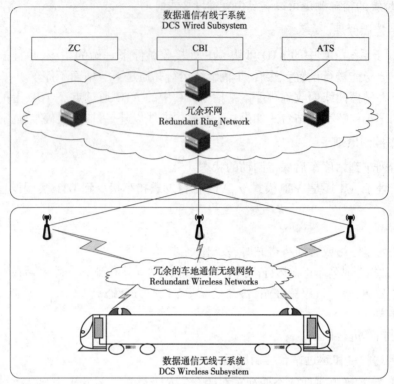

图 2-12　DCS 子系统结构示意图

2. 作用

DCS 数据通信系统的主要作用是在各个信号子系统之间传输列车控制信息和维护信息，允许轨旁设备和车载设备在正线、车辆段、停车场和试车线之间进行连续双向大容量的数据通信。其系统功能有：

(1) 提供高可靠性的专用安全通信网络；

(2) 可通过自由波方式、波导管方式及漏缆方式的结合实现适应多种线路情况的高安全性专用车地无线通信；

(3) 全面的抗干扰功能；

(4) 实时的网络数据记录功能；

(5) 全方位的网络管理功能。

3. 应用

(1) 可使用 SDH、RPR 或以太网组建高性能的有线骨干网传输通道；

(2) 可适用于多种无线传输媒介的高安全性无线数据通道：自由波传输（自由空间）；漏泄波导管传输；漏泄同轴电缆传输；

(3) 可实时记录信号系统地面子系统之间和车地之间的数据交互；

(4) 基于 SNMP 协议高效管理全线所有的网络设备；

(5) 无线信号可实现快速、无缝切换；

(6) 可提供小延时、高带宽、高可靠性无线数据传输通道；

(7) 抗干扰性能突出，不受蓝牙、无线网、微波、接触网、牵引回流等干扰信号影响。

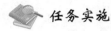 **任务实施**

1. 对本任务理论知识进行整理归纳,明确学习目标,准备学习参考资料。
2. 学生分组制订学习计划,预习下一个任务的相关知识。
3. 各小组讨论学习车载信号系统原理。
4. 各小组间交流并汇报学习的结果。
5. 填写如下任务实施考核评价表。

任务实施考核评价表

考核内容	分值	标　准	学生自评	小组互评	教师评定
列车运行控制原理	20	准确分析列车运行控制原理			
站停控制原理	10	准确分析站停控制原理			
跳停控制原理	10	准确分析跳停控制原理			
扣车控制原理	20	准确分析扣车控制原理			
未到达站台和越过站台控制原理	20	掌握未到达站台和越过站台控制原理			
遇到问题时的应急处理能力	10	能及时反馈问题信息			
讨论问题的表现	10	态度端正、积极参与			
成绩					
总成绩					

复习思考题

1. 简述车载信号系统的组成。
2. 应答器读取器天线的作用有哪些?
3. 简述速度传感器的作用原理。
4. 简述 TOD 能显示的信息有哪些?
5. 造成列车位置测量误差的原因有哪些?
6. 简述列车追踪功能是如何实现的?
7. 简述列车速度监督功能是如何实现的?
8. 简述列车停车保证功能是如何实现的?
9. 简述列车超出停车标范围的后退防护功能是如何实现的?
10. 简述列车超速防护功能是如何实现的?
11. 简述列车门控功能具有什么意义?
12. 车载 ATP 子系统的原理是什么?
13. 车载 ATO 子系统的原理是什么?
14. 简述车载信号系统在城市轨道交通信号系统中的作用。

模块三　车载信号设备

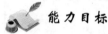

1. 学习城市轨道交通车载信号设备的组成及基本工作原理。
2. 学习城市轨道交通车载信号设备的功能及车载信号系统的工作原理。
3. 学习城市轨道交通车载信号设备的相关技术要求。

能力目标

1. 能够说出城市轨道交通车载信号设备的组成及基本工作原理。
2. 能够叙述城市轨道交通车载信号设备的功能。
3. 根据具体的设备,能简要描述城市轨道交通车载信号设备的相关技术要求。

重点掌握

1. 城市轨道交通车载信号设备的组成及基本工作原理。
2. 城市轨道交通车载信号设备的功能。

单元一　车载信号设备组成

教学准备

1. 模拟仿真实训室,有条件的可在具有设备的实训场所,或在城市轨道交通信号设备控制室现场教学。
2. 在多媒体教室展示车载信号设备的组成。
3. 教学用的相关视频或图片。
4. 车载信号设备相关模型。

基础知识

列车两端的车载信号设备大多采用三取二结构,能够完成列车头尾两端的自动换向功能,换向切换时不影响系统的正常运行,保证系统安全。所有列车两端均装有车载设备,车头车尾冗余配置,两端车载设备可实现自动切换功能。车载信号系统设备布置如图 3-1 所示。对于车载信号系统,其主要车载信号设备包括司机操作台人机交互显示屏 MMI、无线天线、信标天线、应答器、测速测距单元、车载核心计算机、车载以太网交换机及中继器、驾驶模式选择开关和按钮等部件。

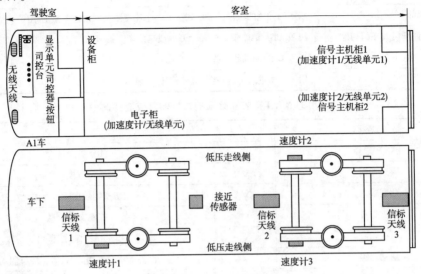

图 3-1 车载信号设备布置图

一、车载信号设备组成

(一) 车载人机交互显示屏 MMI

MMI 是车载信号设备的显示和操作界面,安装在列车司机操作台中心位置,一般为 10 英寸或 12 英寸的液晶显示屏幕。车载信号设备正常工作时,MMI 能够显示列车驾驶模式、运营模式、限制速度、车门状态、列车定位等关键信息,直接为司机操纵列车提供信息。MMI 显示信息主要内容如表 3-1 所示。信号显示屏中显示的 ATP 系统主要内容如表 3-2 所示。常用的 MMI 接收和处理的司机输入或选择命令如表 3-3 所示。常见指示灯如表 3-4 所示。

MMI 显示屏界面显示主要信息　　表 3-1

序号	界面模块	主 要 内 容
1	距离监控信息	制动预警时间;目标距离;预留区域
2	速度信息	数字方式显示的列车速度;环形速度光带;命令图标;开口速度(预留);控制模式
3	补充驾驶信息	下一控制模式信息;设备运行等级;列控车载设备制动状态
4	运行计划信息	距离标尺;预告信息;速度变化信息;坡度信息
5	监控信息	备用系统状态;监督司机动作信息;紧急信号;机控/人控表示;车站名称;车次号;日期和时间;文本信息;公里标

信号显示屏中显示的 ATP 系统主要内容　　表 3-2

序号	显 示 内 容	备　　注
1	驾驶模式	一般情况下包括 ATO 模式、SM 模式、RM 模式、自动折返模式
2	双指针速度表	用于显示 ATP 系统推荐速度(红色三角)和实际速度(黄色指针)
3	目标速度	用数字形式显示到达目标距离时的速度

续上表

序号	显示内容	备注
4	目标距离	以不同颜色的条形图显示到达下一个速度限制区或停车点的距离
5	允许开门或车门切除	按照 ATP 系统的操作，显示开门或车门切除符号
6	驾驶状态	显示牵引、制动状态等
7	折返图标	用于列车进入折返站台时折返图标的显示

常用的 MMI 接收和处理的司机输入或选择命令　　　　　　　　　　表 3-3

命令名称		备注
上下行选择	√	用于载频选择
模式切换	√	用于运行模式切换
数据输入	√	切换到数据输入界面
数据查看	√	查看文本信息
司机响应	√	提示司机保持"警惕"
制动缓解	√	设备提示允许缓解后，人工缓解制动
启动	√	启动车载设备转入正常工作状态

MMI 常见指示灯　　　　　　　　　　表 3-4

名称	备注
"ATO 发车"按钮/指示灯	仅适用于 ATO 自动驾驶模式。当列车首次建立 ATO 模式准备启动或列车在站台停车时，关门程序已结束并又重新收到 ATP 指令后，按下此按钮，指示灯转为稳定绿光，列车便可自动启动
"ATO 停车"按钮/指示灯	仅适用于 ATO 自动驾驶模式。如果列车以 ATO 模式行驶时，按压此按钮，"ATO 停车"指示灯亮白光且"ATO 发车"指示灯熄灭，由 ATO 系统控制列车以全常用制动方式停车。之后，若再按下此按钮，"ATO 停车"白灯熄灭，列车将重新自动启动并恢复到 ATO 自动驾驶模式
"慢速前行"指示灯	只限于 ATP 人工驾驶模式。当无 ATP 限速命令、列车停下且主控制器手柄在全常用制动位时，指示灯亮黄灯，司机可以不超过 20km/h 的速度驾驶列车，一旦 ATP 限速命令出现，此灯即刻熄灭，司机则可按收到的 ATP 限速命令驾驶列车
"超速"指示灯	在 ATO 自动驾驶模式或 ATP 人工驾驶模式时，列车一旦超速，该指示灯立即亮红灯，当车速低于 ATP 限速命令后，红灯才随之熄灭
"ATS 手动"按钮/指示灯	当司机手动输入车次号、目的地和运行等级等 ATS/TWC 参数时，按下此按钮，指示灯亮黄灯，设置好的参数便在对应的 LED 上显示，只要此灯亮，表明司机优先中央设置 ATS/TWC 参数
"列车停站"指示灯	仅限于 ATP 人工驾驶模式。列车进站停稳后，该指示灯亮绿灯，则表明列车停站精度达到规定要求
"列车车次号"显示器(LED)	列车车次号为三位数显示，供中央跟踪列车使用，它由中央或司机设置
"目的地"显示器(LED)	"目的地"多为两位数显示，是由中央或司机设置给列车作为系统自动出发和列车跟踪之用

续上表

名 称	备 注
"运行等级"显示器(LED)	"运行等级"为一位数显示,仅限于 ATO 自动驾驶模式,不同的运行等级有不同的加速度和 ATP 限速
"ATS 速度"显示器(LED)	"ATS 速度"为两位数显示,仅限于 ATO 自动驾驶模式,由它来显示 ATO 子系统应该执行的速度控制命令,单位为 km/h

(二)无线天线(DCS)

无线天线安装在列车运行头部第一轮对前,左右轨道的上方,其周围一定范围内应保证无金属或磁性材料。基于移动通信的列车控制系统需要高速状态下实时地进行车地信息交换,DCS 天线是列车与地面波导设备实现无线通信的设备。在 CBTC 模式下,DCS 天线冗余配置,最大限度地保证车地通信连接完好,并通过车载冗余以太网提供列车数据信息传递通道。

(三)信标天线

信标天线安装在距离车头一定范围内的车体底部横向中心线上,其周围一定范围内无金属或磁性材料。其主要作用是提供列车定位信息,向地面信标提供无线微波信号,以激活地面信标,地面信标将自身存储的信息发送给列车车载设备处理,列车由此获取定位信息,为实现高精度列车定位提供基础条件。

(四)应答器

应答器是一种可以发送数据报文的高速数据传输设备,分为固定数据(无源)应答器和可变数据(有源)应答器两种。一般车载查询天线是一个双工的收发天线,既可以向地面发送激活地面应答器的功率载波,还可以接收地面应答器发送的数据报文。车载查询器对地面应答器的数据进行分析处理,然后传送给车载 ATC 系统,完成相应的控制。车载接收设备包括滤波、解调、微处理器等模块。

图 3-2 为典型的固定数据应答器与可变数据应答器的布置。

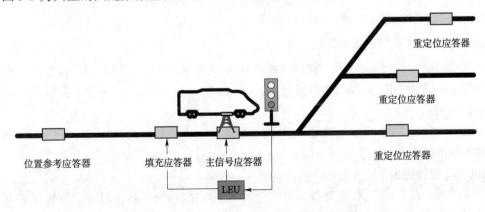

图 3-2 固定数据应答器与可变数据应答器的布置

车载设备通常允许在其数据库中描述的一个应答器丢失(或未读到),对运行的影响取决于丢失应答器的类型。

当一个固定数据应答器丢失时,对列车的运行没有直接的影响。

在降级控制级别下,任一填充应答器的丢失将导致列车司机或 ATO 采用常用制动,直到列车在相应的主信号应答器前速度达到要求速度值。

在降级控制级别下主信号应答器的丢失将导致紧急制动。

在降级控制等级下重定位应答器的丢失将使列车因失去定位而导致紧急制动。

(五)测速测距单元

测速测距单元对速度传感器信号进行处理,计算列车实际运行速度和走行距离。测速测距单元可独立设置,也可集成在安全计算机中,常用的测速测距设备包括多普勒雷达、速度传感器等。

1. 多普勒雷达

多普勒雷达是一种基于距离提供速度数据的专业雷达,它向着期望的参照物发射一组微波信号并接收它的反射,然后通过参照物的移动分析反射信号频率的偏差。

为了最大限度地减少车轮打滑或滑动的影响,列车配备多普勒雷达来监视车辆行驶速度。如果只有速度传感器用于测量速度,打滑或滑动会导致错误速度和错误距离确认。多普勒雷达是利用发射频率和收到的反射频率的差值来确定速度,进行距离测量,多普勒雷达通过 RS485 将产生的速度信号传输到车载 ATC 系统,显示速度和距离。由于速度处理是用来计算列车的位移,两种不同的速度传感器(测速电机和多普勒雷达)必须准确地确定列车位置。多普勒雷达用于精确测量 5km/h 以上的速度,为了准确测量对地速度,雷达安装在车体下方。

每一列车都有两个多普勒雷达单元,一个多普勒雷达故障后,控制将传递于另一个有多普勒雷达单元且正在工作的车载 ATC 系统。车载 ATC 不断地比较测速电机的输入和多普勒雷达的输入,如果这两个组件之间的差异超过允许的差异范围,则车载 ATC 假设车辆处于滑动或空转状态,车载 ATC 默认多普勒雷达输入正确。

2. 速度传感器

速度传感器是车载信号设备获取列车运行速度的关键设备,与列车轮对主轴同轴安装,通过内部高速旋转编码盘,获取列车实时速度信息。一般应在车辆的第二和第三轴端,按冗余方式设置,它们分别装于第二、第三车轴的轴箱上。

(六)车载计算机和网络交换机

车载信号设备的核心单元是列车车载信号机柜内安装的车载中心处理器设备。车载计算机是车载信号设备的核心,提供数据通道、安全校验、冗余备份等功能,对保证系统安全可靠运行有重要作用。

车载主机采用 2×2 取 2 结构时,工作机故障自动切换到备用机,切换时间不大于 0.5s,工作机和备用机都应有工作正常或故障表示;主机采用三取二表决冗余结构时,若比较结果不一致,主机应有相应表示。

主机应具有如下特点:主机对外应具有并行和串行接口;列车运行监控记录装置采用并行接口时,并行输出信息定义应符合规定;串行接口可采用 RS485 或 CAN 总线;主机应具有良好的可测试性,在检修时可自动测试各项功能及指标。

记录单元应能记录列控车载设备的输入输出及运行状态,并应能通过记录读取装置读取数据并再现列车车载设备的工作状态。一般设备状态记录不少于 30 天,详细数据记录不少于 24 小时,一般设备状态主要记录设备故障及发生故障的时间。

记录器主要记录以下信息:

(1)从接收线圈接收到的车载信号波形。

(2)列车信号输出信息。

(3)主机工作状态。

(4)电源工作电压状态。

(5)线路公里标、车站编号、信号机编号等定位信息。

记录器应以独立插板的形式嵌入主机箱,记录器故障后不影响主机正常工作。存储容量应满足记录长短交路所需信息的要求,开关量采集接口输入阻抗应大于或等于30kΩ,接入接收线圈的输入阻抗应大于或等于200kΩ。

列车接口单元(TIU)主要包括继电器接口和开关量接口。其中继电器接口主要由继电器组成,将来自外部的输入分配给车载设备的各个部分,并将来自车载设备各部分的输出集中对外输出,开关量接口主要用于数字量的输入输出。

(七)ATC 设备机架

ATC 设备机架主要含有:主、副 ATC 电源,主用和备用 ATP 模块,ATO 模块,主、副制动保证装置及车辆接口继电器。该机架设在驾驶室非控制侧,机架中主要设备功能如表3-5所示。

ATC 设备机架中主要设备功能　　　　　　表 3-5

名　称		功　能
主、副 ATC 电源		主、副 ATC 电源是一个 DC/DC 转换器,装在 ATC 机架的背面,用以将110V 直流低电压转换为 28V 和 10V 直流电压供车载信号系统的电子设备使用,其输入电压范围为 132～54V,每个电源的最大功耗为230W
ATP 模块	ATP1 模块	每个模块有 10 块印刷电路板,它们是:放大/滤波板;DC/DC 转换器;中央处理单元;安全输入板(2块);非安全输入/输出板;制动输出板(2块);超速中央处理单元;安全电源控制器
	ATP2 模块	内含 7 块印刷电路板,分别是:DC/DC 转换器;ATO 接口板;ATO 接口控制器;日检测试板;TWC 调制解调器;ATO/ATS 中央处理器;功率放大器
主、副制动保证装置		主、副制动保证装置和主、副 ATP 配套,其功能是当 ATP 检出超速状态 3～4 秒内,列车至少以最小的减速率 0.715m/s/s 减速,若在规定时间未达到最小制动率,制动保证装置将输出指令,即施加不可逆转的紧急制动,一旦采取紧急制动后,一直要到列车停下,该制动才能缓解
车辆接口继电器	安全型继电器	5 只,用于将信号指令送给安全电路,它们是:紧急制动继电器、全常用制动继电器、允许开左门继电器、允许开右门继电器、测试继电器
	非安全型继电器	3 只,用于将信号指令送给非安全电路,分别是:故障继电器、牵引继电器、制动继电器

二、车载信号设备相关要求

车载信号设备是列车的重要组成部分,是保证列车安全稳定运行的关键,所以对车载信号设备的外观、技术、可靠性等方面均具有一定的要求。

1. 外观要求

(1) 机箱的所有金属表面应有防护层。
(2) 电镀零件的外观光滑均匀,没有斑点、凸起和起泡现象,边缘和棱角不得有烧痕。
(3) 涂层外观应光滑,色彩均匀一致,不得有皱纹、流痕和起泡现象。
(4) 设备的螺钉连接和铆、焊处不得松动或脱落。
(5) 印制电路板焊点应平整、光滑,无假焊、虚焊、短路、堆焊等现象。

2. 技术要求

(1) 大气压力 74.8~106kPa(海拔不超过 2500m)。
(2) 机车内部空气温度为 -25℃~45℃,应考虑设备直接邻近电子元件处的空气温度可能在 -25℃~70℃之间变化,车外温度为 -40℃~70℃,设备允许在不低于 -40℃的环境中存放。
(3) 最湿月的月平均最大相对湿度不大于 90%(假设该月月平均最低温度为 25℃)。
(4) 设备应能承受使用时的振动和冲击而无损坏或故障。
(5) 除接收线圈外,设备应安装在能防止风、沙、雨、雪直接侵入的车体内。

3. 可靠性要求

(1) 在设备制造、元器件采购、元器件老化筛选和成品的高温老化等环节都应采取有效措施,以保证设备的可靠性。
(2) 设备使用的接线端子应采用可靠、防振性能好的接线端子。
(3) 设备安装使用的电缆应符合《额定电压 3kV 及以下电缆:第 1 部分》(TB/T 1484.1—2001)相关要求。
(4) 设备线缆连接应采用压接工艺,设备及连接电缆应安装牢固,应有防振、防松动、防磨的措施。
(5) 机箱应可靠接地,连接电缆应采用屏蔽电缆,屏蔽层应单点接地。
(6) 记录器开关量采集接口输入阻抗应不小于 30kΩ,接收线圈信号采集输入阻抗应不小于 200kΩ。

三、车载信号设备端子接线工艺

(一) 设备端子接线规范

1. 设备连接

设备安装连接如图 3-3 所示。如果单端安装,则机车信号机Ⅱ、车上连接端子Ⅱ、接收线圈Ⅱ及与其直接相连的电缆可不安装。

2. 接收线圈连接

机车两端内部设接收线圈专用连接端子,用来将机车两端车下穿引上来的两个双路接收线圈的引接电缆与机车信号主机电缆对接,机车两端内部应各预留 4 位备用端子。

机车两端接收线圈的引接电缆通过专用布线槽连至车上连接端子,引接电缆单独走一个穿线孔。

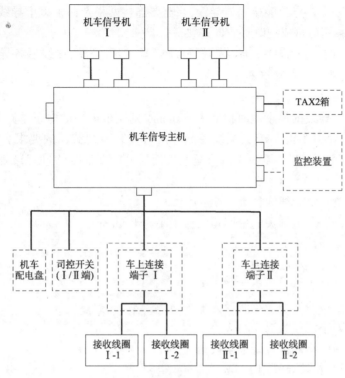

图 3-3 车载系统设备连接图

3. 接地连接

主机箱后面板设有主机接地端子,通过接地编织线就近连到机车接地端子。主机应具有接地端子,接地端子使用 M4 螺栓和垫圈,接地编织线截面积不低于 $6mm^2$。接地螺栓、螺母和垫圈应作涂锌钢、双面钝化处理。

信号机安装底板应采用电镀工艺,通过安装螺栓与机车车体连接。螺栓、螺母和垫圈应作涂锌钢、双面钝化处理。

接收线圈电缆的屏蔽层引出的连接线与主机箱电缆的屏蔽层引出的连接线通过连接端子连接,连接线截面积要求不低于 $1.5mm^2$。

(二)接线工艺要求

1. 接线基本原则

(1)按接线图或电气图的要求确定布线方案。

(2)导线以横平竖直为原则,折弯部分的圆角半径应不小于 R_{10}。

(3)导线的落料要按照图样规定选择线径截面,剥头时不应损害和折断铜芯线。

(4)多股铜芯线与铜接头压接时,铜接头的孔径截面应和导线截面相配合,铜接头的安装孔应和电器元件接点螺钉直径相一致,铜接头压接后不应有松动现象。

(5)导线束捆扎力求间隔均匀,线束排列层次分明,尽量减少弯曲与交叉,导线或导线束与电器元件接点连接除爪形垫圈外,螺钉上均有平垫圈和弹簧垫圈,旋紧程度以弹簧垫圈压平为准,然后用扭矩扳手校验。

(6)导线应远离发热元件,最小距离应大于15mm,应避免将导线敷设于发热元件上方。

(7)电器元件一个接点只能接一根导线,当需要连接两根及两根以上导线时,导线的中间应加放铜垫圈,羊眼圈应弯成顺时针方向连接。

(8)导线端头与电器元件接点连接的螺钉应旋紧,不得松动,接线后各导线应整形,以达到美观、线路挺直、接点牢固的效果。

2. 导线截面要求

(1)配电板绝缘导线的最小截面积应为$1.0mm^2$,对于低电平的电子电路允许采用截面积小于$1.0mm^2$的导线(但不得小于电子设备制造厂对安装导线截面的要求)。截面积不大于$8mm^2$时,其弯曲半径应大于外径的3倍。配电板面板等活动部分的过渡导线,应有足够的可绕性。

(2)连接电源指示灯导线线径为$1.5mm^2$。

(3)进入断路器和漏电开关的单回路线径最小为$1.5mm^2$。

(4)单主电路线径最小为$1.5mm^2$。

(5)开关跨接线路最小线径为$2.5mm^2$。

(6)进入变压器初级绕阻最小线径为$1.5mm^2$。

(7)控制线路电源跨接线最小线径为$1.5mm^2$。

(8)控制线路最小线径为$1.0mm^2$。

(9)面板控制回路至底板接线最小线径为$1mm^2$。

(10)电压表导线连接导线用$1.5mm^2$。

(11)电流互感器导线连接线用$1.5mm^2$。

(12)面板备用线用$1.0mm^2$黄色导线。

(13)柜内照明用线为$1.0mm^2$。

(14)特殊情况:PLC、X41、Y41等接插件可用$0.3mm^2$。

(15)传感器信号线及模拟信号线用白色导线连接,且最小截面积为$1.0mm^2$。

(16)如进入断路器的导线截面小于$6mm^2$,当接线端子为压板式时,先将导线作压接铜接头处理,以防止导线散乱;如导线截面大于$6mm^2$,要将露铜部分用细铜丝环绕绑紧后再接入压板。

(17)截面为$10mm^2$及以下的单股铜芯线和单股铝芯线可直接与设备、器具的端子连接。

(18)截面为$2.5mm^2$及以下的多股铜芯线的线芯应先拧紧搪锡,或压接端子后再与设备、器具的端子连接。

(19)多股铝芯线和截面大于$2.5mm^2$的多股铜芯线的终端,除设备自带插接式端子外,应焊接或压接端子后再与设备、器具的端子连接。

3. 导线颜色要求

(1)主电路导线头、尾端部及中间一律用彩色塑套管进行标识(黄、绿、红)。

(2)工作电压为380V及以上的电源线用黑色导线连接。

(3)导线工作电压为AC220V的电源线用红色导线连接。

(4)导线工作电压为AC110V的电源线用橙色导线连接。

(5)导线工作电压为DC36V的电源线用紫色导线连接。

(6)导线工作电压为 DC24V 的电源线用蓝色导线连接。

(7)导线工作电压为 DC12V 的电源线用绿色导线连接。

(8)导线工作电压为 DC5V 的电源线用白色导线连接。

(9)电源指示灯连接导线颜色与电源电压等级相符。

(10)电压表连接导线颜色与其指示的电压等级相符。

(11)电流互感器线用黑色。

4．接线工艺要求

(1)导线的规格和数量应符合设计规定；当设计无规定时,包括绝缘层在内的导线总截面积不应大于线槽截面积的 60%。

(2)在可拆卸盖板的线槽内,包括绝缘层在内的导线接头处所有导线截面积之和不应大于线槽截面积的 75%；在不易拆卸盖板的线槽内,导线的接头应置于线槽的接线盒内。

(3)压板或其他专用夹具,应与导线线芯规格相匹配。紧固件应拧紧到位,防松装置应齐全。

(4)套管连接器和压模等应与导线线芯规格相匹配。压接时,压接深度、压口数量和压接长度应符合产品技术文件的有关规定。

(5)接头在压接前,应除去铜芯线上的橡皮膜、残渣及油污。

(6)环形接头的绕圈方向应与接线柱螺母旋紧方向一致。

(7)压接前检查接头,不得有伤痕、锈斑、裂纹、裂口等缺陷。

(8)电柜内所有接线柱除专用接线设计外,必须用标准压接钳和符合标准的铜接头连接。

(9)柜门面板控制线完成后必须放置至少 20% 的备用线,最少为 3 根。

(10)备用线的柜内长度应以能连接柜内最远元件为准。

(11)如果面板无线槽,把备用线卷成 100mm 直径的线卷,并用扎带可靠固定在面板扎线处。

(12)盘、柜的电缆芯线,应按垂直或水平有规律地配置,不得任意歪斜交叉连接,备用芯长度应留有适当余量。

(13)避免将几根导线接到同一接线柱上,一般元件上的接头不宜超过 2~3 个。当几个导线接头接到同一接线柱上时,接触应平贴、良好。

(14)集控台应采用滞燃型船用多股绞合导线,对于传输信息的导线,应采取必要的防干扰措施。导线应敷设在走线槽内,或用夹线板固定。导线应可靠连接,并有防松措施。

5．电器的连接要求

(1)控制器的工作电压应与供电电源电压相符。

(2)导线与电器元件间采用螺栓连接、插接、焊接或压接等,均应牢固可靠。

(3)端子等集中布置的元件的短接线不进入线槽,以方便检查和节省线槽排线空间。

(4)带有接线标志的熔断器、电源线应按标志进行接线。

(5)螺旋式熔断器的安装,其底座严禁松动,电源应接在熔芯引出的端子上。

(6)引入盘柜的电缆应排列整齐、编号清晰、避免交叉,并应固定牢固。

(7)柜内 PLC 输入回路的布线尽量不与主回路及其他电压等级回路的控制线同线槽敷设。

(8)面板和柜体的接地跨接导线不应缠入线束内。
(9)外露在线槽外的柜内照明用线必须用缠绕管保护。
(10)面板接线的外露部分应该用缠绕管保护。
(11)橡胶绝缘的芯线应用外套绝缘管保护。

四、车载信号设备测试

1. 静态测试

(1)设备的静态检查

检查内容主要包括两部分:车内设备检查,包括车载设备主机各模块和操作显示设备是否安装牢固、符合安装图的要求;车底设备检查,包括车底部件速度传感器和天线安装是否牢固、符合安装图的要求,接口连接、布线是否符合图纸要求

(2)静态测试内容

常用的静态测试内容如表3-6所示。

车载信号设备静态测试内容 表3-6

测试内容	操作	确认事项
信标天线安装高度的确认	确认天线的安装高度	从轨道面的高度开始135±5mm
无线天线安装高度的确认	确认天线的安装高度	从轨道面的高度开始204~230mm
加电前	—	设备装置内开关的位置是否正确;司机操作台的手柄是否能够正常动作
加电时	—	查看机柜面板指示灯,确认车载设备能够上电
加电后	—	通电后60s内,MMI正常启动,出现操作画面,无故障提示信息
ATP启动	按MMI的「启动」按键	确认MMI上的ATP工作模式
牵引	把换向器放在前进位置、拉牵引杆	常用制动缓解
手柄位置	—	手柄放于"前"位置,从监示器上确认显示"向前";手柄放于"关"位置,从监示器上确认显示"零位";手柄放于"后"位置,从监示器上确认显示"向后"
应答器信息接收	—	在车底晃动应答器,通过监示器确认车载设备接收到的应答器信息与写入应答器的内容相同
结束	切断电源	

2. 动态测试

(1)测试前准备

测试前准备主要包括以下方面:确认车体联挂状态良好、车载设备各种开关处于正常位置、各种设置扳键位置正确、配线连接正常等。

(2) 设备启动(表3-7)

设备启动说明　　　　　　　　　　　　　　表3-7

执行内容	执行动作	检查内容
列车激活	将"列车激活旋钮"置"合"位	确认"列车激活旋钮"绿灯亮;检查确认"蓄电池电压表"表值(不低于85V);检查确认"气压表"主风压力;检查确认"信号选择"开关在"有效"位;将"关门模式选择"开关置"手动"位
驾驶台激活	闭合"主控钥匙"开关	检查确认受电弓"降"灯亮;检查确认停放制动"施加"灯亮;检查确认气制动"施加"灯亮;检查确认主断"分"灯亮;检查确认左门"关"灯亮;检查确认右门"关"灯亮;检查确认"司机显示屏"激活

(3) 运行试验

①牵引制动:车辆收到地面开放允许信号后,司机通过按压缓解开关,确认制动得到缓解。司机操纵手柄至牵引位,车辆能够起动、加速。

②发车试验:车辆在收到地面信息后,确认运行速度,司机在限行速度下驶出车站。车站信号设备收到出站口应答器信息后,确认车载控制设备转为监控模式。

③进站试验:车辆在正线走行中,车载信号设备接收到地面设备信息,确认限制速度,车载控制设备控制列车减速,通过与地面应答器信息通信,保证列车对标停车。

④区间停车:假定受前行列车影响,地面信号机显示红灯,车载信号设备收到信号后,通过车载控制系统控制制动系统使列车逐渐降速,最终在信号机前停车。前行列车离去后,车载信号设备收到发车允许信号,车辆加速恢复正常行车。

⑤临时限速:车载设备从车站进站口或出站口的应答器接收临时限速信息,控制车辆在指定的限速点前,将速度降低到限速值以内。当车辆速度超过允许速度时,车载信号设备将速度信息与限速值对比,通过车载控制设备输出制动。限速结束后,车载信号设备收到信号,车辆加速恢复正常行车。

⑥精确测距:选择在线路上有显著标志且长度已知的一段线路进行测距精度测试,确认车载设备测距精度满足要求。

知识拓展

1. ATPM 模式

ATPM 模式是列车超速防护系统(ATP)监督下的人工驾驶模式。

(1) 概述

在 ATPM 模式下,列车由司机人工驾驶,列车速度受 ATP 实时监控。ATP/ATO 车载设备在驾驶室的显示器上给出列车的实际速度、限制速度、目标速度以及目标距离等参数。当列车速度接近限制速度时,系统会提醒司机注意限速并发出报警信号,如果列车运行速度已经超过了限制速度,列车立即实施紧急制动。

(2) 运用

此模式适用于以下几种情况:作为 ATO 故障时的降级模式;司机练习驾驶技能时使用;轨道上有影响列车运行的障碍物或有轨道面湿滑等情况时使用。

2. RM 模式

RM 模式是限制人工驾驶模式。

(1) 概述

RM 模式是在有 ATP 保护下的限速人工驾驶模式。司机根据地面信号或车站值班员的手信号指示行车,列车运行速度不得超过规定速度(一般是 25km/h 或 60km/h)。如列车运行速度超过规定的限制速度,则施行紧急制动。

(2) 运用

此模式适用于以下几种情况:列车在车辆段运行时;ATP 轨旁设备故障、轨道电路故障及联锁故障时;列车施行紧急制动后。

3. 自动折返模式

(1) 概述

自动折返模式包括列车自动换端和有折返轨的自动折返,其中有折返轨的自动折返又分为人工折返和无人折返。

(2) 运用

此模式适用于折返站和有换端功能的轨道区段。

 任务实施

1. 对本任务理论知识进行整理归纳,明确学习目标,准备学习参考资料。
2. 学生分组制订学习计划,预习下一个任务的相关知识。
3. 各小组讨论学习车载信号设备组成。
4. 各小组间交流并汇报学习的结果。
5. 填写如下任务实施考核评价表。

任务实施考核评价表

考核内容	分值	标　准	学生自评	小组互评	教师评定
MMI 显示屏界面显示主要信息及常见指示灯状态	15	能熟练说出 MMI 显示屏界面显示主要信息及常见指示灯状态			
应答器的功能	10	能准确说出应答器的功能			
无线天线和信标天线的功能	10	能准确说出无线天线和信标天线的功能			
多普勒雷达和速度传感器的功能	10	了解多普勒雷达和速度传感器的功能			
车载信号设备相关要求	5	了解车载信号设备相关要求			
车载信号设备端子接线工艺	25	能准确说出车载信号设备端子接线工艺			
车载信号设备测试方法	25	能准确说出车载信号设备测试方法			
成绩					
总成绩					

单元二　车载信号设备的应用

教学准备

1. 模拟仿真实训室,有条件的可在具有设备的实训场所,或在城市轨道交通信号设备控制室现场教学。
2. 在多媒体教室展示车载信号设备的主要功能及应用。
3. 教学用的相关视频或图片。
4. 车载信号设备相关模型。

基础知识

一、车载信号系统的主要功能

1. 车载 ATO 系统

ATO 设备的主要功能是控制列车的运行,实施牵引/制动命令;当列车停车时,负责车门的开启和关闭;列车离开车站时,为顾客提供有效信息。主要的功能如表 3-8 所示:

ATO 设备主要功能　　　　　　　　　表 3-8

任务	功能	
	功能名称	功能描述
系统和服务软件	车载单元提供必要的系统服务	恒定扫描时间保证、任务管理、数据和时间管理等
	输入/输出管理	管理外设模块的驱动器、总线驱动器、接口驱动器、模块驱动器等
	诊断功能	—
通信	ATP/ATO 数据	ATO 车载单元从 ATP 车载单元接收相关信息,包括实际位置、速度、运行方向、列车长度、制动减速度等
	ATP/显示器	ATP 传输给显示器的数据包括控制器状态、错误信息及附加信息,如实际速度、故障原因、故障号等
	显示器/ATO 数据	在显示单元中显示车组号、车次号和目的地号
	诊断 PC/ATO 车载单元数据	诊断报文头、报文识别码、参数、长度等
	ATO/PTI 数据	主要数据包括乘务组号、车组、车次、目的地、列车状态、车站停车和里程等
车门控制		原则上检查相关条件后,ATP 释放打开命令,ATO 启动车门
折返运行下接通钥匙开关		在无人驾驶模式下,ATO 车载单元的任务包括通过 ATO 车载单元接通钥匙开关

2. 车载 ATP 系统

(1) 确定停车点和保护区段。停车点分为安全停车点和非安全停车点。

（2）距离测量。ATP车载单元任何时候都必须知道车辆的当前位置，车载设备通过距离测量系统以及列车运行方向确定列车的当前位置。

（3）实际速度测量。主要是借助于距离测量来计算实际速度，速度等于走过的距离除以时间。

（4）速度监督。主要根据动态数据（包括前行列车、进路）以及静态数据（如停车点、最高列车速度等）确定列车的速度限制。

（5）列车追踪间隔。主要是保证列车不发生碰撞，取决于保护区段、危险点和安全停车点的确定。

（6）紧急停车。当站台或车控室按压紧急停车按钮，ATP车载单元收到紧急停车报文后，启动紧急制动，直到列车停稳。

（7）运行方向监督。在正线和试车线上，根据轨旁设备发送的报文，车载ATP单元对列车的运行方向进行监督，不允许列车倒行，当列车倒行超过预设的距离时，产生紧急制动。

（8）车门监控。ATP车载单元从轨旁单元接收报文，防止在站外开门和站内开错门。在列车车门未全部关闭时，列车如果运行，ATP会产生紧急制动。

（9）列车自动折返监控。ATP车载单元通过速度曲线连续对列车的运行进行监督。

（10）列车故障信息和紧急制动的记录。ATP车载单元有存储模块和诊断接口，对故障信息进行记录，如果需要，可通过电脑诊断并读取、处理和显示存储的数据。

（11）服务数据的输入。主要数据包括轮径值、车辆最高允许速度等。

二、车载信号设备的应用

根据车载系统的主要功能，可以看出车载信号设备主要应用在以下几个方面。

1. 信息的内部传输

车辆控制主要是以车载控制主机为核心，依托车载信号设备的各种信息，通过接口建立车辆各系统间信息通信从而实现对列车的控制。例如，列车选择ATO模式下运行，对列车的控制完全是通过车辆自身的控制主机来实现的，而控制主机发出的所有控制指令，包括自动停车、车门开关、信息广播等，都是根据车载信号设备与车辆系统的接口通信来实现的。常见的接口主要分为机械接口和电气接口，接口主要用于一些控制命令的输入和输出。

一般车载信号设备的通信均采用硬线连接，常用的故障检测方法是直接检测分线端子电压是否为24V，由此即可判断出是信号设备本身的故障，还是按钮或者接线故障。

2. 车辆信息的传输通信

车辆位置信息是一种高精度、周期性、实时更新的信息流，其来源是车载信号设备，车载信号设备将信息通过车地无线系统与地面信息设备通信，地面设备将信息提供给通信车载台，通信车载台在接收、解析该类信息之后转发给调度服务器。由调度服务器在系统内部实现信息共享，分发给相应的调度台等设备。地面PIS车载设备给通信车载台设备提供车载信号。

3. 信息共享系统数据传输

信息共享系统主要存在以下短数据传输服务：一是调度系统与车载台、固定台之间的数据传输，属于下行数据传输，包括列车位置更新、对时信息、呼叫请求等，其中最频繁的数据是列车位置更新数据；二是车载台到控制中心设备之间的数据传输，属于上行数据，主要是车载信号车辆位置信息。

4. 专用无线系统数据传输

无线系统的短数据传输服务直接影响车载信号车辆位置信息传输性能。

5. 信号系统资源共享

车载信号设备通过一套平台系统,利用相关的数字信号处理技术来识别、处理多种制式的地面信号,实现列车多制式地面信号下的安全运行。虽然多制式运行模式优势明显,但由于地面设备的生产厂商不同,需要对不同厂商的设备进行协调配合。

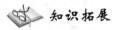

继 电 器

继电器是一种电磁开关,能以较小的电信号控制执行电路中的大功率设备,是实现自动控制和远程控制的重要设备。

1. 继电器的作用

"故障—安全"是轨道交通信号设备必须遵循的原则,当系统任何部分发生故障时,应确保系统的输出导向安全状态。随着电子技术的迅速发展,电子器件尤其是计算机以其速度快、体积小、容量大、功能强等技术优势,在相当大程度上逐渐取代继电器构成自动控制和远程控制系统,使技术水准大大提高。但与电子器件相比,继电器存在一定优势,尤其是具有"故障—安全"性能,因此不仅现在,而且在未来一定时期内,继电器在轨道交通信号领域仍将起着重要作用。

2. 继电器的基本原理

继电器类型有很多,都由电磁系统和触点系统两部分组成。其中电磁系统主要包括线圈、铁心以及可动的衔铁等;触点系统由动触点和静触点组成。如图3-4所示为继电器的原理组成图。

当线圈中通入规定的电流后,根据电磁原理,线圈中产生磁性,衔铁被吸引;当线圈中没有电流时,衔铁失磁落下。衔铁上的触点称为动触点。随着衔铁的动作,动触点与静触点接通或断开,从而实现对其他设备的控制。

城市轨道交通的正线有岔站联锁系统以及停车场的联锁系统,基本上都以继电器为接口,接通控制电路。所以信号技术人员必须掌握继电器的工作原理及其应用技术。

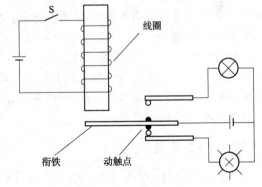

图3-4 继电器原理图

3. 继电器的分类

(1) 按动作原理分类

①电磁继电器:是一种利用电流通过线圈产生的磁场来实现动作的继电器。信号设备中使用的大多是这类继电器。

②感应继电器:是一种利用电流通过线圈产生的交变磁场与其翼板中的另一交变磁场所感应的电流相互作用,使翼板转动而动作的继电器。例如,相敏轨道电路所使用的交流二元继电器。

(2)按动作电流分类

①直流继电器:由直流电源供电的继电器。大部分信号继电器都是直流继电器。

②交流继电器:由交流电源供电的继电器。例如,信号机点灯电路中用于监督信号机是否灭灯的灯丝继电器,用于信号机灯泡主、副灯丝转换的灯丝转换继电器等。

(3)按动作时间分类

①正常动作继电器:衔铁动作时间 $0.1\sim0.3s$,大部分信号继电器属于此范围。

②缓动继电器:包括缓吸和缓放两种,衔铁动作时间超过 $0.3s$。

(4)按工作可靠程度分类

①安全型继电器:依靠自身结构满足系统的安全要求,主要是依靠重力作用释放衔铁。安全型继电器的工作过程如图 3-5 所示。

当开关 S_1 闭合时,电磁铁通电产生磁性,将衔铁吸下,开关 S 的触点接通,工作电路在有电流通过时,电动机便转动起来。

②非安全型继电器:断电后依靠弹力保证继电器落下,又称为弹力式继电器。

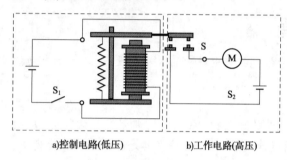

图 3-5　安全型继电器工作过程

4.继电器常见故障及处理流程

(1)玻璃绝缘子损伤

玻璃绝缘子是由金属插脚与玻璃烧结而成,在检查、装配、调整、运输、清洗时容易出现插脚弯曲,玻璃绝缘子掉块、开裂,而造成漏气并使绝缘及耐压性能下降,插脚转动还会造成接触簧片移位,影响产品可靠通断。这就要求装配的操作者在继电器生产的整个过程中要轻拿轻放,零部件应整齐排列放在传递盒内,装配或调整时,不允许扳动或扭转引出脚。

(2)线圈故障

继电器用的线圈种类繁多,有外包的,也有无外包的,线圈都应单件隔开放置在专用器具中,如果碰撞交连,在分开时会造成断线。在电磁系统铆装时,手扳压床和压力机压力调整应适中,压力太大会造成线圈断线或线圈架开裂、变型、绕阻击穿。压力太小又会造成绕线松动,磁损增大。多绕阻线圈一般是用颜色不同的引线做头。焊接时,应注意分辨,否则将会造成线圈焊错。有始末端要求的线圈,一般用做标记的方法标明始末端,装配和焊接时应注意,否则会造成继电器级性相反。

 任务实施

1.对本任务理论知识进行整理归纳,明确学习目标,准备学习参考资料。

2.学生分组制订学习计划,预习下一个任务的相关知识。

3.各小组讨论学习车载信号系统的主要功能。

4.各小组间交流并汇报学习的结果。

5.列车驾驶过程中车载信号设备的应用。

6.完成如下实训任务实施。

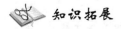

列车各运行阶段操作规程

1. 列车出库

①列车整备完毕,列车状态符合正线服务后,同车厂信号值班员报告列车整备完毕。

②确认出厂信号开放,按该列车出车厂时刻以 RM 模式驾驶列车出库,通过车载信号设备查看车辆状态,包括速度等信息,整列车离开库门前限速 5km/h,列车运行到转换轨一度停车。

2. 正线运行

①在列车 ATO 驾驶模式下,司机应保持正确工作状态。列车运行期间,司机要注意观察列车显示屏信息、各指示灯和仪表显示、自动开关状态。列车接近进站时,密切观察站台乘客状况,遇乘客较多或有乘客越出站台黄色安全线,应及早鸣笛示警,遇危及列车运行或人身安全的情况时,立即采取紧急措施。

②列车在 ATO 驾驶模式下发生紧急制动,需要使用"ATPM"或"RM"驾驶模式运行时,司机需严格遵循进路防护信号显示、ATP 允许速度及列车运行速度进行。

③列车故障或其他原因需临时停车,司机可通过列车紧急广播或人工广播安抚乘客。列车本身原因或信号故障,造成列车未对标停车,司机立即手动对标停车。

3. 站台作业(开关车门)

①ATO 模式下,列车进站自动对标停车后,列车显示屏出现相应侧车门释放信息,车门自动打开,无特殊情况下乘务员须在规定时间内于驾驶室侧门旁立岗,监视站台乘客上下车情况。

②ATPM、RM、URM 模式及折返对标停车后,列车显示屏无相应侧车门释放信息,需人工打开时,必须严格执行"确认、呼唤、跨半步、开门"四步作业程序。关门前观察 DTI 倒计时显示,对照运营时刻表发车时刻,提前约 10s 侧转身体,按压"关"按钮,回转身体,立正面向列车尾部瞭望,待车门全部关好,所有车门黄色指示灯和运行状态黄色灯灭,确认安全后(原则上不得使用重开门按钮来防止夹人),进入驾驶室,在起动客车之前通过侧望监视镜确认车门无夹人夹物后,按照规定程序起动列车。

③大客流情况下,司机注意气压表显示状态,超过 0.28MPa 时,关门作业加强"重开门"按钮的运用(防止夹人夹物),同时报告行车调度员。车门发生故障后,原则上运行方向前三节车组由司机负责处理,后三节车组由站台岗负责处理。

4. 终点站折返

①到达列车进入终点站接近停车标处,显示屏出现折返图标,"AR"黄灯亮,列车停稳,左、右侧车门相继打开。列车司机按压"AR"按钮,显示屏上的折返图标由蓝色变为黄色背景,"AR"黄灯灭,关闭主控钥匙,锁好驾驶室侧门,折返上行端驾驶室。

②终点站有折返司机时,与之交接列车运行状态及行车安全事项等,完毕后在换乘亭等候转为下一趟折返机;无折返司机时,本务司机应抓紧时间激活上行端驾驶室,确认列车状态良好。

③URM 模式下折返时,如无折返司机,本务司机应先开左边门下客(右边门不开),清客完毕关左门,折返上行端驾驶室激活操纵台开左门上客。

5. 列车进入车厂

①运营列车结束服务到达终点站后,使用标准用语告知乘客,确认全部乘客下车后,按站务人员给的关门信号关门。完成驾驶室折返,步行至另一端驾驶室。

②确认进路防护信号开放正确后,以 ATO 模式或 ATP 模式驾驶列车至转换轨一度停车。

③列车停稳后,清洁驾驶室卫生,检查灭火器、列车备品,确认是否齐全良好,与公里数一起填写在《列车状态卡》上。列车停在规定的位置后,方向手柄回零,分主断,施加停车制动,分空调,分照明,空压机停止工作后,鸣笛降弓,关蓄电池,下车锁好驾驶室侧门。

④确认入厂信号灯后驾驶列车入厂,库门前一度停车或平交道口前一度停车。

实训任务实施

实训内容	列车模拟驾驶设备操作	实训设备	列车驾驶设备
实训目标	掌握列车驾驶过程中车载信号设备的功能;熟悉列车驾驶过程中车载信号设备的安装位置;掌握驾驶室显示单元的使用方法。		

根据列车运行基本理论以及列车运行各阶段操作规程,模拟司机人工操纵列车。要求学生在驾驶车辆过程中,能够对车载信号设备的功能、安装位置和基本操作有更加深刻的认识。

1. 操作内容
(1)转动列车模式开关,置于 ATO 挡位。
(2)输入正确的目的地号和司机号。
(3)启动车载信号系统,观察"ATO 指示灯"点亮。
(4)按压"发车按钮",观察列车运行过程中速度的变化。

2. 操作步骤
(1)安装连接地面设备。
(2)在列车上将便携式计算机与车载自动驾驶系统相连。
(3)启动列车车载信号系统和便携式计算机。
(4)列车运行到某站台停车。
(5)观察便携式计算机上所显示的列车停车过程中的速度距离曲线。

根据 CIR 设备构成原理图,在列车模拟驾驶设备上找出各组成部分。

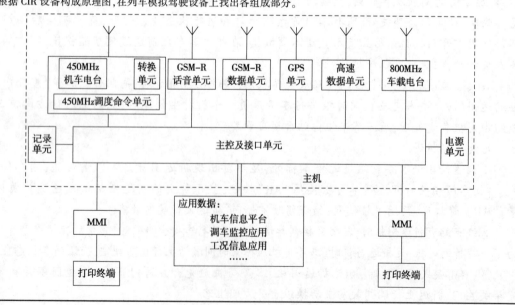

复习思考题

1. 简述车载设备在信号系统中的主要作用。
2. MMI 显示的主要内容和主要功能。
3. 简述无线天线 DCS 和信标天线的功能。
4. 多普勒雷达的工作原理。
5. ATC 设备机架主要设备有哪些?
6. 简述端子接线基本原则。
7. 简述车载信号设备测试的基本内容。
8. 车载信号设备主要应用在哪些方面?

模块四 车载信号设备维护与检修

 **知识目标**

1. 认知城市轨道交通车载信号设备的常见故障及维护技术,使学生对车载信号系统故障及相关技术有一个初步认识。
2. 认知城市轨道交通车载信号设备的维护模式,使学生能够制订并执行维检计划。
3. 认知城市轨道交通车载信号设备的维护工艺,使学生能够按照工艺要求独立完成基本的检修工作。
4. 认知城市轨道交通车载信号设备的故障维修,使学生能够排除一些常见设备故障。
5. 认知常用设备维护工具的使用方法和注意事项,使学生能够使用工具检测相关的设备。

 能力目标

1. 能够辨别车载信号系统故障类别及维护的新技术、新方法。
2. 能够针对设备制订相关的维检计划。
3. 能够按照维护工艺要求独立完成一些车载信号设备检修工作。
4. 能够判断一些车载信号设备常见故障,并解决。
5. 能够使用一些工具对车载信号设备进行检测。

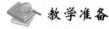 **重点掌握**

1. 掌握城市轨道交通车载信号设备的常见故障及维护技术。
2. 掌握城市轨道交通车载信号设备的维护模式及相关内容。
3. 掌握常用设备维护工具的使用方法和注意事项。

单元一 车载信号设备的故障分析及维修技术

教学准备

1. 模拟仿真实训室,有条件的可在具有设备的实训场所现场教学。
2. 在多媒体教室展示。
3. 教学用的相关视频或图片。
4. 车载信号设备相关模型。

基础知识

一、常见故障

车载信号设备主要包括机械设备和电气设备,这些设备的常见故障大致分为以下几种。

1. 机械类故障

此类故障主要是腐蚀、磨损、蠕变等外在原因引起的,导致设备丧失部分或全部功能。常见的故障设备主要有信息接收天线、车底馈线、应答器天线、速度传感器的保护钢套和连接电缆等。机械类故障的主要特点如表4-1所示。

机械类故障的主要特点　　　　　　　　　　　　　表4-1

故障特点	产生原因	解决办法
故障的潜在性	设备发生腐蚀、磨损等问题可能并不会造成设备功能的丧失,但当问题发展到一定程度,就会引起设备出现故障	定期巡检维护
故障的不可逆性	随着设备的使用,机械性腐蚀、磨损、老化等问题通常是不可逆转的	定期维护,延长使用寿命;及时更换部件
故障原因的不确定性	同种设备在不同的工作环境下,以及同种环境下,设备制造工艺及设备材料不尽相同,都会造成设备出现不同的工作状况	建立设备的实时监控系统
故障的复杂性	一些机械性故障,如机件的磨损、弯曲变形、疲劳断裂等,在很多情况下是由于多种原因共同作用的结果	加强日常巡检,实时监控,建立科学分析方法
故障的发展性	机械故障的产生与时间有关	定期检查设备的工作状况

2. 电路板故障

此类故障主要是由于电子元件的各种逻辑故障和非逻辑故障引起。常见的故障设备包括计算机内部的主板和集成电路、通信天线内部电路板、速度传感器中的电子元件和传感线圈、接口单元、记录器内部的电子元件等。

电路板故障的产生原因一般分为两种,一是设计故障,二是物理故障。物理故障又包括制造环节失误引起的故障和外界环境影响造成的故障。制造环节失误,如安装错误、焊接不当等;对于外界环境影响,如温度影响、电磁辐射、大幅度振动等,这些都有可能引起电路板故障。常见的逻辑功能故障分类如表4-2所示。

常见的逻辑功能故障　　　　　　　　　　　　　　表4-2

故障类别	故障原因	备注
静态故障	由于电子元件制造工艺的缺陷造成的	属于永久性故障
动态故障	由于电子元器件在电气性能极限状态下引起的	30%~40%的电路板故障属于此类故障
间歇性故障	主要是外部环境突变,如温度、电磁、稳定度等	在电路板故障中约占1%

3. 软件系统故障

此类故障主要是由于系统软件缺陷引起的,常见的故障部分主要是系统计算机内的相关软件系统。软件的故障或错误类别如表 4-3 所示。

软件的故障或错误类别　　　　　　　　　　表 4-3

错误类别	产生原因
程序结构错误	程序控制顺序有误
软件实现和编码错误	编码错误; 语法错误; 与编码标准不符; 程序逻辑不当等
软件模块间的集成错误	程序的对内对外接口定义有误; 程序各模块间的数据交换和时间配合不协调等
软件系统结构错误	操作系统调用错误或引用环境错误
测试定义与测试执行错误	测试方案错误; 测试用例不典型

二、车载设备的维修技术

1. 机械类设备维修维护

针对机械类设备故障的特点,重点介绍几种现代维修技术,此类技术以材料技术、制造技术、仿真技术、信息技术等为支撑,具有恢复设备状态、发挥设备效能、延长设备寿命的功能。常用机械类设备维护技术如表 4-4 所示

常用机械类设备维护技术　　　　　　　　　　表 4-4

技术名称	主要原理	具体应用
纳米颗粒复合电刷镀技术	在镀液中加入纳米颗粒,使金属离子在被还原的同时与金属发生共沉积形成镀层	用于车载设备表面损伤的修复强化以及设备应急维修中零部件的密封面
纳米固体润滑干膜技术	将具有润滑和抗滑功能的纳米粒子添加在固体润滑干膜中,来改善固体润滑干膜的耐磨性和润滑性	用于所有摩擦部件上,具有良好的防腐蚀和密封性能
高速电弧喷涂技术	通过电弧一次性喷涂多种材料,使涂层具有多种防护性能,例如防滑、防腐、耐磨等	用于易损伤表面厚涂层设备构件的防腐、防滑等
纳米减磨与原位动态自修复技术	使润滑油中的纳米减磨添加剂在摩擦表面上沉积、结晶并铺展成膜,使磨损得到一定补偿,并具有良好的减磨与自修复作用	设备表面微损伤进行自修复
划伤快速填补技术	通过高能电脉冲产生高温,使补材在经过预处理的待修表面上熔化,实现两者的微区焊接	设备的大型零部件表面的修复
结构贴片修复技术	采用新型的结构贴片	修复设备薄壁结构件的破裂、孔洞等损伤

续上表

技术名称	主要原理	具体应用
耐磨修补技术	采用的金属修补剂是以金属、陶瓷材料、合金、减磨材料等作为增强材料的聚合物复合材料	对设备零部件的腐蚀、划伤、磨损等进行快速修复
贴体封存技术	将可剥性涂料直接涂覆到被保护表面，涂料固化后即可形成一层具有一定黏附强度又可分离的涂层	用于防侵蚀、腐蚀等

2. 电子类设备维修维护

电子设备故障多种多样，有的可以直接目测观察，有的需要多次检查，甚至借用专门仪器才能发现问题。

车载设备中的电子设备一般由很多的元器件组成，逐个排查很困难，必须研究相应的故障检测技术或方法。这些方法并不是固定有效的，所以在实际维修过程中应根据具体故障情况采用一种或多种方法来诊断设备故障。常用的电子类设备维护方法如表4-5所示。

常用电子类设备维护方法　　　　　　　　　　　表4-5

技术名称	主要原理或方法
直接观察	不通电情况下：观察电子设备中的开关、接线柱等有无松动、断线，观察某个元器件有无变色、发霉，引线是否脱落、焊点松动等，观察元器件是否有烧焦、变形等问题；通电检查：观察是否有异味、冒烟、跳火和异常声音等
测量电压	检查电子设备的内部电路电压和外部电压是否正常；测量电路中的晶体管、集成电路等各引脚电压和主要节点电压，分析是否正常；测出电流流过电阻两端的电压，分析电流值
信号注入	一是将电信号加在电路的输入端，然后测量各级电路的电压和波形来判断故障；二是将电压表和示波器接到输出端，然后从后向前逐级加电信号从而检测出故障
替换比较	使用相同型号、相同结构、相同规格的元器件、单元部件、电路板等临时代替某些部分，然后观察效果，判断故障
电子设备快速清洗技术	设备进行不拆卸清洗，仅用喷雾清洗剂就能完成电子设备保养

3. 软件类维护

车载设备的软件系统具有一定的特殊性，其维护需要满足以下几个方面：一是尽可能识别和纠正软件中的缺陷或问题；二是当外界条件，如设备增减、数据库变化、接口变化等发生后，软件能够正常使用；三是满足用户的新需求。针对这些维护需求，软件类维护方式如表4-6所示。

软件类维护常见方式　　　　　　　　　　　表4-6

维护名称	维护内容
正确性维护	改正软件存在的错误，包括改正设计错误、编码错误和文档错误等
适应性维护	为使软件产品适应运行环境的变化，对软件程序进行相应的修改
完善性维护	对其进行持续的完善，扩充软件功能或提高软件性能
预防性维护	在软件使用过程中进一步改进可靠性或可维护性

知识拓展

进一步收集车载信号设备维护方法。

 任务实施

1. 对本任务理论知识进行整理归纳,明确学习目标,准备学习参考资料。
2. 学生分组制订学习计划,预习下一个任务的相关知识。
3. 各小组讨论并分析车载设备的维修技术。
4. 各小组间交流并汇报学习的结果。
5. 填写如下任务实施考核评价表。

任务实施考核评价表

考核内容	分值	标　　准	学生自评	小组互评	教师评定
机械类故障的产生原因及特点	20	能熟悉说出机械类故障的产生原因及特点			
常用机械类设备维护技术	25	能熟悉说出常用机械类设备维护技术			
常用电子类设备维护方法	25	能熟悉说出常用电子类设备维护方法			
解决问题的能力	15	快速解决问题			
讨论问题的积极性	15	积极参与讨论问题			
成绩					
总成绩					

单元二　车载信号设备的维护与故障处理

 教学准备

1. 模拟仿真实训室,有条件的可在具有设备的实训场所现场教学。
2. 在多媒体教室展示城市轨道交通信号系统的维护模式及检修内容。
3. 教学用的相关视频或图片。
4. 车载信号设备相关模型。

 基础知识

一、车载信号设备维护工作要求

车载信号设备是城市轨道交通车辆信息的来源,维护车载信号设备正常工作,确保信号设备运用状态良好是保证车辆安全运行的基本条件。对于信号系统的维护工作,其基本工作要求如表4-7所示。

车载信号设备维护工作要求　　　　　　　表4-7

工作要求	相关内容
维护准则	信号维护工作必须坚持"安全第一,预防为主"的方针,贯彻预防与整修相结合的原则;要积极采用新技术、新器材、新工艺,提高信号设备的可靠性、可用性和安全性;要积极采用现代化的技术手段,优化维护作业方式方法,提高劳动生产率
维护类别	信号设备维护工作大修、中修、小修、二级保养和日常保养几种方式测试工作是信号设备维护工作的重要内容之一
维护手段	在提高设备可靠性的基础上,积极采用先进成熟的检(监)测系统和设备,提高设备自动检(监)测水平,不断推进修制修程改革,逐步实现以状态修为主的维修模式

(一)设备维护安全须知

以ATP设备维修为例,常见的安全注意事项包括:

(1)禁止擅自变更或改动ATP设备;

(2)只有受过培训并具有授权的人员才允许对设备进行维修工作;

(3)要使用合适的工具、设备、检查装置和材料来进行维修;

(4)只有设备处于正常状态后才能投入运行;

(5)如果出现错误或故障,立即向上级报告;

(6)车载设备更换模块时必须先关闭计算机,切断供电;

(7)更换带有软件的模块时,要把原模块的程序芯片取下,换到新模块上;

(8)更换某些带有特殊数据的模块后,要输入相应的数据;

(9)取模块时要放掉静电。

(二)使用电子器具及测量装置须知

(1)使用电子器具及测量装置时,勿连接设备的绝缘装置和接地装置;

(2)可使用保护绝缘工具及测量装置;

(3)为防止静电对设备的干扰,在拔出或插入模块时,必须使用接地腕并与机柜的OV插座相连。

(三)更换模块须知

在接触模块前,必须保持电荷平衡。

1. 模块拿取须知

(1)拿取出来的模块必须放置在导体上;

(2)在拿取或放下模块前,必须接触模块放置位置以保持电荷平衡;

(3)在从设备上抽出或插入模块前,必须先接触设备外壳保持电荷平衡;

(4)在拿取模块时只能接触模块的边缘或前嵌板;

(5)拿取模块时使用模块本身的把手,如无把手,需用配套工具;

(6)不安装的模块必须装入包装袋中运走;如无包装袋,在交接给他人时,必须保证接触平衡。

2. 模块的标记

(1)每个模块都需要一个编号和名称来标记;
(2)没有前嵌板的模块,在前插头处添加标签;
(3)可使用程序版本标注模块中的应用程序;
(4)单元架上的锁定杆张贴简称和编号标签,可防止模块插入错误;
(5)前嵌板上部和下部的编码片能够避免模块的插入错误。

3. 拔出模块的操作

(1)拔出或插入模块必须在不带电的情况下操作;
(2)通过锁定杆固定的模块必须松开螺栓;
(3)如果模块有把手,可通过把手取出模块,如果连接太紧,可使用适当的抽取工具;
(4)如果模块有插头,松开上部和下部的螺栓,取下插头后,利用相关工具取出模块;
(5)供电模块要先松开角落的螺栓,然后使用工具取出。

4. 插入模块的操作

(1)如果模块通过锁定杆固定,先松开锁定杆螺栓,按照要求插入模块;
(2)按照安装要求插入模块后,用螺栓固定;
(3)模块安装好后,锁定杆必须用螺栓重新拧紧;
(4)供电模块必须用螺栓固定;
(5)在插入模块时,需要顺着引导轨插入。

5. 对故障模块的处理

在对模块进行维修或诊断故障时,确保做好记录,包括故障现象、故障部位、测试情况等,确定故障后,装入包装袋并附上记录的问题报告。

6. 模块内存储部件的更换

模块内部的存储部件在更换时需要遵循以下原则:
(1)在更换前必须接触模块放置位置以保持电荷平衡;
(2)模块内取出的部件只允许放置在导体上;
(3)将部件取出时需使用合适的工具;
(4)在更换存储部件时不能损坏针脚;
(5)在插入存储设备时要注意插入方向,防止造成不可修复的错误;
(6)插入时要保证针脚准确无误,并插入底部,确保针脚不发生扭曲;
(7)在进行模块测试前要再一次检查插入方向是否正确;
(8)如果因为内部程序修改而造成存储功能改变,要重新张贴标签。

(四)故障维修原则

(1)在确保安全的前提下,以最快速度恢复设备的正常使用;
(2)当设备发生故障时,要求尽快使故障设备得到恢复,在设备故障和故障恢复期间,要

合理组织行车,把故障对行车影响降到最小;

(3)当发生严重影响行车安全和效率的故障时,维修人员要立即赶到故障地点进行维修;

(4)当发生对行车影响不大或没有影响的故障时,在运营结束后由维修人员进行维修;

(5)对发生在列车上的严重信号故障,应立即组织下线,由维修人员等车维修;

(6)对换下的故障件,返回检修基地或生产厂家诊断和修理,经试验合格后方可再次使用。

二、检修周期与工作内容

城市轨道交通信号系统设备的维护方式主要包括大修、中修、小修、二级保养和日常保养几种方式,具体如表4-8所示。

城市轨道交通车载信号系统设备的维护方式　　　　　表4-8

维修方式	维修周期	维修内容	备注
大修	不同设备寿命不同,一般为25~45年	在设备寿命到期后进行一次彻底换新	维修时间由运营公司安排
中修	根据设备情况,2~4年不等	对部分配件、单项设备进行一次彻底整治	有相关的中修规程及标准
小修	年检任务	除完成二级保养任务外,对设备全面整修并进行功能测试	有相关的维检规程及标准
二级保养	半月检、月检、季检、半年检	按照维检要求检查设备状态、功能情况	维修周期不一定四个都有,视设备情况决定
日常保养	日巡检或周巡检	设备现象、表面清洁、报警信息查看等	只检不修

在不同维护模式下,车载信号设备的检修内容存在一定差异,具体内容如表4-9所示。

常见车载信号设备检修周期与工作内容　　　　　表4-9

设备	修程	检修工作内容	周期
ATP车载单元	日常保养	1. 询问调度,了解设备使用情况并记录; 2. 检查设备运行状况,有无异常; 3. 做好日检测并记录	每日
	二级保养	1. 与日检测内容相同; 2. 检查所有插件是否牢固; 3. 检查所有螺栓是否紧固; 4. 进行ATP静态测试; 5. 检查地线; 6. 机柜清洁; 7. 检查橡胶密封条; 8. 检查风扇; 9. 检查标识及设备铭牌	每季

续上表

设　备	修程	检修工作内容	周期
	小修	1. 同二级保养内容； 2. 更换有关部件； 3. 设备卫生清洁； 4. 动态测试	每年
	中修	1. 线缆整治； 2. 机柜的防松、防尘、防虫处理	4年
ATP天线	日常保养	检查有无机械损伤、螺栓是否紧固、接口是否良好	每日
	小修	1. 电气特性测试(每季度)，测试内容是测量端子之间的电阻值为地阻值； 2. 同日常保养； 3. 检查插件是否牢固； 4. 检查螺栓是否紧固	每年
车地通信天线	日常保养	检查有无机械损伤、螺栓是否紧固、接口是否良好	每日
	小修	1. 电气特性测试(每季度)，测试内容是测量端子之间的电阻值为地阻值； 2. 同日常保养； 3. 检查插件是否牢固； 4. 检查螺栓是否紧固	每年
速度脉冲发生器	日常保养	检查有无机械损伤、螺栓是否紧固、接口是否良好	每日
	小修	1. 同日常保养； 2. 检查插件是否牢固	每季
	中修	1. 同季检内容； 2. 拆卸速度脉冲发生器，检查是否破损	每年
车地通信多路接收器	日常保养	1. 检查设备运行状况，有无异常； 2. 设备清洁	每日
	二级保养	1. 与日检测内容相同； 2. 检查所有插件是否牢固； 3. 检查所有螺栓是否紧固； 4. 检查标识及设备铭牌	每季
	小修	1. 同二级保养内容； 2. 更换有关部件； 3. 设备卫生清洁	每年
	中修	线缆整治	5年

续上表

设 备	修程	检修工作内容	周期
车载 ATO 机柜	日常保养	1. 询问调度,了解设备使用情况并记录; 2. 检查设备运转状态,有无异常,主要包括变压器灯是否显示正常、电源灯是否显示正常、系统启动时显示是否正常等; 3. 做好日检测并记录	每日
	二级保养	1. 同日常保养内容; 2. 检查列车所有插件是否牢固; 3. 检查所有螺栓是否紧固; 4. 进行 ATO 测试:主要测试内容包括检测 ATO 模式输出、左右车门信号输出、驱动输出显示、通过车辆训练器检测制动和模拟输出等; 5. 进行 ATP 测试:主要测试内容包括驾驶切换、速度限定、紧急制动、ATP 信号接收、ATO 释放及门干扰等; 6. 检查地线; 7. 机柜清洁; 8. 检查橡胶密封条; 9. 检查风扇; 10. 检查标识及设备铭牌	每季
	小修	1. 同二级保养内容; 2. 更换有关部件; 3. 设备卫生清洁; 4. 动态测试:主要测试内容包括 RM 模式下超速与报警测试;SM 模式下超速与报警测试;车载 ATP 切断测试;SM 模式下停车不准,使用强行开门的测试;ATO 模式条件测试;RM 模式下强行开门按钮测试;驾驶模式转换;自动折返;无人折返;换向停车测试	每年
	中修	1. 线缆整治; 2. 机柜防松、防尘、防虫处理	

三、ATC 主要设备维护工艺

在进行任何类型的故障维护前,一定要确保车辆位于指定的车辆维护场所内,即不允许车辆移动并且断开设备电源。彻底检查设备以保证没有留下工具、缆线屑、备用硬件或其他碎片。另外,检查所有组件紧固件都正确地紧固。每个故障维护行为之后,需要按照所述的规范进行清洁和检查。在设备投入服务前,通过适当的测试设备或监控操作来检查设备是否正确运行。

在进行这些规程之前以及进行规程中,需要始终具备以下条件:
(1)列车停于车站或在维护区内,保证应用了紧急制动;
(2)遵循所有现场维护和安全规程;
(3)所有从设备上拆下的安装硬件和可再利用的设备放置于远离工作区域的安全位置;
(4)彻底检查是否存在松动的硬件以及配线是否压紧。

(一)ATC系统设备具体的维护规程

1. CT机笼更换规程

(1)准备工具、材料及测试设备:如接地腕带和车辆便携式测试单元。

(2)移除。

①设定车载ATC系统电路断路器为OFF位置,断开车载ATC系统组件的电源,确保车载ATC系统组件不带电。

②戴上接地腕带并接至设备机箱。

③断开车载ATC机笼PC板卡前面板接头的所有I/O电缆连接,并在I/O电缆连接的安装位置上做标记。

④移除保护车载ATC机笼的4个固定螺栓。

⑤小心地举起车载ATC机笼,拆下车载ATC机笼并安置于安全的位置。

(3)安装。

①准备工作良好的替代机笼。

②使用4个固定螺栓来固定替代机笼于机笼支架上。

③重新将所有I/O电缆连接至车载ATC机笼PC板卡前面板接头上。

(4)测试。

①设定车载ATC电路断路器为ON位置来给车载ATC设备上电。

②使用便携式测试单元对替换车载ATC机笼进行适当测试以检查组件和车载ATC系统是否可操作。

③车辆处于自动模式下,系统全程运行至少一次,以检查替换的车载ATC机笼是否正常。

(5)清洁。

①将故障的车载ATC机笼送至维护车间。使用车辆自动测试系统(车载AST)来测试机笼,以确定PC板卡故障位置。

②移除测试设备及工具。

③车辆恢复运营。

2. PC板卡替换规程

(1)准备工具、材料及测试设备:如接地腕带和车辆便携式测试单元。

(2)移除。

①设定车载ATC系统电路断路器为OFF位置,断开车载ATC系统组件的电源,确保车载ATC系统组件不带电。

②戴上接地腕带并接至设备机箱。

③如果必要,断开PC板卡前面板的所有I/O电缆连接。

④松开车载ATC机笼内的固定螺栓(位于PC板卡的顶端和底部)。

⑤按压PC板卡的两个弹出器以拆下故障PC板卡,PC板卡脱离之后,拉出PC板卡。
⑥将PC板卡放入抗静电袋中,返厂维修。

(3)安装。

①准备正确式样、分类和修订等级的PC板卡。
②从防护抗静电袋内取出替换的PC板卡。
③把替代的PC板卡插入相应的固定器内。一旦PC板卡正确插入,就要关闭PC板卡弹出器。
④必要时,重接所有I/O电缆至PC板卡的前面板。
⑤将PC板卡的螺栓(位于PC板卡的顶部和底部)固定在车载ATC机笼内。

(4)测试。

①置车载ATC电路断路器为ON,给车载ATC设备上电。
②使用便携式测试单元对替换逻辑机笼进行适当测试,以检查组件和车载ATC系统是否可操作。
③车辆处于自动模式下,系统全程运行至少一次,以检查替换的PC板卡是否正常。

(5)清洁。

①移除测试设备及工具。
②车辆恢复运营。

3. 继电器替换规程

(1)准备工具、材料及测试设备。

(2)移除。

①设定车载ATC系统电路断路器为OFF,断开车载ATC系统组件的电源,确保车载ATC系统组件不带电。
②取下两个固定螺栓、防松垫圈和垫圈。
③从车载ATC设备机架上取下继电器。

(3)安装。

①准备正确样式、分类和修订等级的继电器组件。
②安装前对两个固定螺栓的螺纹使用防卡。
③定位替换继电器组件在车载ATC设备机架的位置。
④使用两个固定螺栓、防松垫圈和垫圈来固定继电器。

(4)测试。

①置车载ATC电路断路器为ON,给车载ATC设备上电。
②使用便携式测试单元对替换的逻辑机笼进行适当测试,以检查组件和车载ATC系统是否可操作。
③车辆处于自动模式下,系统全程运行至少一次,以检查替换的继电器是否正常。

(5)清洁。

①移除测试设备及工具。
②车辆恢复运营。

（二）常用车载信号设备检修工艺

为保证车载设备的正常运行，在制定检修周期和工作内容的基础上，还应规定设备检修技术标准，即系统检修工艺。常见设备检修工艺如表 4-10 所示。

常见车载信号设备的检修工艺　　　　　表 4-10

检修设备	日常维护	集中检修
计算机设备	(1) 校准 ATP 时间； (2) 逐一紧固各模块安装螺栓、固定电缆； (3) 继电器固定良好； (4) 机柜内接线端子接触良好，无松动；机柜输出电压测试； (5) 连接电缆固定良好，无破损； (6) 拨码开关完好； (7) 记录卡完好，安装良好； (8) 转储故障信息； (9) 插接件紧固，无破损； (10) 主机柜安装牢固，外观无倾斜、龟裂、损伤、腐蚀现象； (11) 隔离开关切换良好； (12) 机柜内风扇运行正常，与车体接地电阻小于 1Ω； (13) 主机柜接地线安装良好，与车体接地电阻小于 1Ω； (14) 输入电源 110V 与箱体绝缘电阻均小于 10MΩ	(1) 设备主机柜内部分解清扫； (2) 设备主机柜内部螺栓检查，内部安装及电器螺栓紧固无松动； (3) 设备各单元分解清扫； (4) 设备各单元内部安装及电器螺栓紧固无松动； (5) 设备主机柜内部配线检查，配线布线、绑扎良好，无破损、线头不松动，布线及元器件间距符合要求，器材外观无老化变形； (6) 主机柜安装牢固，外观无倾斜、龟裂、损伤、腐蚀现象； (7) 制动接口单元继电器固定良好； (8) 各板件螺栓紧固，无松动； (9) 各接插件紧固，无破损； (10) 配线电缆连接良好，无破损； (11) 机柜内风扇运行正常，无报警； (12) 隔离开关切换良好； (13) 主机柜接地线安装良好，与车体接地电阻小于 1Ω； (14) 输入电源 110V 与箱体绝缘电阻均小于 10MΩ
BTM 天线	(1) 安装牢固，外观无异常； (2) 连接电缆固定良好，无破损，无磨卡； (3) 各部件密封及防水、防潮作用良好； (4) BTM 天线及电缆与车体绝缘电阻均大于 10MΩ； (5) BTM 天线下表面距轨面高度符合要求	(1) 安装牢固，无碰伤，无变形； (2) 连接电缆固定良好，无破损，无磨卡； (3) 各部件密封及防水、防潮作用良好； (4) 安装几何尺寸符合标准； (5) BTM 天线及电缆与车体绝缘电阻均大于 10MΩ； (6) BTM 天线下表面距轨面高度符合要求
BTM 天线用电缆	(1) 电缆性能良好，无破损； (2) 电阻和能耗满足要求； (3) 电缆包皮无老化等	(1) 电缆性能良好，无破损； (2) 电阻和能耗满足要求； (3) 电缆包皮无老化； (4) 更换老化或有损坏的电缆

续上表

检修设备	日常维护	集中检修
STM 天线	(1)安装牢固,外观无异常; (2)连接电缆固定良好,无破损; (3)逐一紧固安装螺栓、固定电缆; (4)各部件密封及防水、防潮作用良好	(1)校准 STM; (2)电缆特性测试; (3)设备接地良好; (4)单模块物理及电气特性测试; (5)单模块性能及功能测试; (6)更换绝缘板; (7)电缆绝缘良好; (8)安装牢固,无碰伤,无变形; (9)各部件密封及防水、防潮作用良好; (10)安装几何尺寸符合标准; (11)STM 天线及电缆与车体绝缘电阻均大于10MΩ
ATP 隔离开关	(1)外观正常; (2)与其他部件的接口功能正常; (3)连接电缆无破损	(1)外观正常; (2)功能正常; (3)更换连接电缆
PC 卡	(1)规格符合要求; (2)读写速度及容量满足需求; (3)能兼容铁路常用机器	(1)规格符合要求; (2)读写速度及容量满足需求; (3)PC 卡的读写测试; (4)更换 PC 卡
MMI	(1)MMI 外观良好,无异常; (2)屏幕显示正常; (3)按键及功能键作用良好; (4)提示音输出清晰、良好	(1)安装牢固,外观无异常; (2)连接电缆固定良好,无破损; (3)电缆特性测试良好; (4)设备接地良好; (5)电缆绝缘良好
速度传感器	(1)安装牢固,外观无异状; (2)连接电缆固定良好,无破损; (3)逐一紧固安装螺栓、固定电缆; (4)电缆线的弯曲半径大于180mm; (5)速度传感器及电缆与车体绝缘电阻均大于10MΩ; (6)列控车载设备各测速系统综合测量误差不大于2%;在运行速度低于30km/h 时,测速误差不大于2km/h	(1)更换绝缘板; (2)电缆特性测试; (3)电缆绝缘良好; (4)单模块物理及电气特性测试; (5)单模块性能及功能测试; (6)核对轮对直径参数; (7)电缆线的弯曲半径大于180mm; (8)速度传感器及电缆与车体绝缘电阻均大于10MΩ; (9)列控车载设备测速系统综合测量误差不大于2%;在运行速度低于30km/h 时,测速误差不大于2km/h
应答器传输模块	(1)安装牢固,外观无异常; (2)连接电缆固定良好,无破损; (3)电缆弯曲半径满足要求; (4)逐一紧固安装螺栓、固定电缆	(1)校准 BTM; (2)电缆特性测试; (3)设备接地良好; (4)单模块物理及电气特性测试; (5)单模块性能及功能测试

续上表

检修设备	日常维护	集中检修
雷达传感器	(1)校准雷达； (2)电缆特性测试； (3)设备接地良好； (4)电缆绝缘良好	(1)校准雷达； (2)电缆特性测试； (3)设备接地良好； (4)电缆绝缘良好； (5)单模块物理及电气特性测试； (6)单模块性能及功能测试

 知识拓展

1. 练习常用车载信号设备检修工艺。
2. 进一步查阅资料扩展对车载信号设备维护与检修的理解。

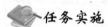 **任务实施**

1. 对本任务理论知识进行整理归纳，明确学习目标，准备学习参考资料。
2. 学生分组制订学习计划，预习下一个任务的相关知识。
3. 各小组讨论学习车载信号设备检修工艺。
4. 各小组间交流并汇报学习的结果。
5. 填写如下任务实施考核评价表。

任务实施考核评价表

考核内容	分值	标　准	学生自评	小组互评	教师评定
城市轨道交通车载信号系统设备的维护方式	25	能熟练说出城市轨道交通车载信号系统设备的维护方式			
常见车载信号设备检修周期与工作内容	25	能准确说出常见车载信号设备检修周期与工作内容			
ATC系统设备具体的维护规程	25	能准确说出ATC系统设备具体的维护规程			
常见车载信号设备的检修工艺	25	能熟练说出常见车载信号设备的检修工艺			
成绩					
总成绩					

单元三　常用检修工具及仪器仪表的使用

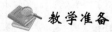 **教学准备**

在多媒体教室展示城市轨道交通车载信号设备检修过程中常用的一些仪器仪表及检修工

具的视频资料或图片(有条件的可使用具体的工具进行实物展示)。

基础知识

一、常用的检验方法

1. 感觉检验

感觉检验是指不采用任何工具或仪器仪表,仅凭维检人员的感官和经验来判断设备的状态,是一种初步的检测方法。主要包括如下三种手段:

(1)视觉检查:人眼或一些基本辅助设备观察设备表面的状态,如破损、裂纹、变形、变色、擦伤、老化等,根据状态判断设备当前的情况,此种方法也称为外观检查。

(2)听觉检查:通过设备工作时发出的声音或者用工具轻轻敲打发出的声音判断设备状态,通常用于检测部件安装牢固情况或风机转动情况等。

(3)触觉检查:通过皮肤接触设备来感知设备温度(检查范围不能太高,例如80℃),检测其发热状况,如轴温;或通过晃动检查部件牢固情况。

2. 仪器及量具检测

对于需要定量或精细检查往往借用一些仪器或量具,从而得到一些准确、真实的数据,为检修提供参考依据。目前,常用的检测方式包括以下几个方面:

(1)几何精度测量:主要测量设备或其零部件的长度、深度、间隙等。常用工具包括直尺、游标卡尺、百分表、千分尺、卡钳、塞尺等。

(2)弹簧的弹力和扭矩测量:采用弹簧检测仪检测弹力或扭矩。

(3)动、静平衡试验:转速较低的转动部件应该做静平衡试验,转速较高的部件应该做静、动平衡两项试验。

(4)电气仪表检测:测量电路中的电阻、电容、电流、电压等,常用工具有万用表、兆欧表、钳型电流表、电容表等。

(5)专用测试设备检测:采用专用设备对功能部件进行测试,多用于整体工作性能的测试。

(6)软件检测:主要通过专业的测试软件对系统中的软、硬件性能进行测试。

二、常用的工具与量具

常用的工具与量具如表4-11所示。

常用的工具与量具　　　　　　　　表4-11

序号	名称	使用范围或注意事项
1	拔出器	注意事项: (1)拔出器的两脚弯角不能大于90°; (2)两角尖要钩在轴承或套在平面上; (3)拆轴承或套时两脚杆保持平行,不能外撇; (4)拔出器使用时,两脚与中间螺杆的距离相等,且螺杆的中心尖应对准轴的中心线

续上表

序号	名　称	使用范围或注意事项
2	锁紧扳手	用在圆螺帽上,在这种螺帽的边缘或平面上开槽或钻孔后,可用锁紧扳手紧固
3	卡钳	是一种间接测量工具
4	游标卡尺	是一种中等精度的量具,它可以直接测量出工件的内外尺寸
5	千分尺	是一种精度较高的量具
6	塞尺	又叫厚薄规,用来检验两个零件相配合表面的间隙,由许多厚度不同的薄钢片组成

三、常用测量仪表

1. 万用表

万用表是一种多功能、多量程的测量仪表,一般也可称为多用表、三用表等。一般万用表可用来测量交直流电流、电压和电阻,有的还可以测量电容、电感、温度、频率等。常见的万用表包括指针万用表和数字万用表。

指针万用表主要是由表头、测量电路及转换开关组成,主要测量的物理量包括交流电压、直流电压、电流和电阻等。使用时的注意事项如下:

(1)在测电流、电压时,不能带电换量程。
(2)选择量程时,要先选大的,后选小的,尽量使被测值接近于量程。
(3)测电阻时,不能带电测量,否则容易损坏表头。
(4)使用完毕后,将转换开关放在交流电压最大档位上。

数字万用表与指针式仪表相比,具有灵敏度高、准确度高、显示清晰、过载能力强、便于携带、使用方便等优势。在使用数字式万用表时需要注意以下事项:

(1)数字表会自动调节量程,当满量程时,最高位显示"1",此时应更换更合适的万用表。
(2)测量电压时,万用表与被测电路并联;测量电流时应当串联。
(3)禁止在测量高电压或者大电流过程中换大量程,防止烧毁触点。
(4)测量完毕后,将开关置于"OFF"位。

2. 摇表

摇表又叫兆欧表、梅格表、高阻表,用来测量大电阻,其计量单位是兆欧。

摇表的选用原则如下:

(1)电压等级的选择。一般情况下,额定电压在500V以下的设备,应选用500~1000V的兆欧表;额定电压在500V以上的,选用1000~2500V的兆欧表。
(2)电阻量程的选择。摇表刻度线上有两个小黑点,小黑点之间为准确测量区域,所以应使被测设备的绝缘电阻值在准确测量区域内。

使用摇表时的注意事项如下:

(1)测量电机的绝缘电阻时,要先切断电源,然后将设备进行放电,以保证测量准确。
(2)测量时,摇表需放在水平位置,未测量前先摇动摇表做开路试验,指针应指在"∞"处,然后再用测量棒将(L)和(E)两接线柱短路,慢慢摇动摇表,指针应迅速指向"零"。
(3)摇表接线柱两根测量导线不应绞在一起,且应有良好的绝缘。
(4)摇表测量完毕,被测量物应进行放电。

3. 钳形电流表

钳形电流表是根据电流互感器的原理制成的,实质上是由一只电流互感器、钳形扳手和一只整流式磁电系仪表组成,在不破坏电路连贯性的前提下测量电路和电压。使用过程中的注意事项如下:

(1) 钳形电流表不得用于测量高压线路的电流,不得用于测量超出钳形表所规定的使用电压,以防绝缘击穿,人身触电。

(2) 测量高压线路的电流时,要戴绝缘手套,穿绝缘鞋,站在绝缘垫上。

(3) 钳口要闭合紧密,不能带电换量程。

(4) 在使用过程中,不可用小量程挡测量大电流。

(5) 每次测量只能钳入一根导线,测量时应将被测导线置入钳口中央部位。

4. 直流电桥

直流电桥是一种用来测量微小电阻的较量仪表。

测电阻时的使用方法如下:

(1) 测试前先将电桥水平放置平稳,测试调整时电桥不能晃动。

(2) 校正检流表零点。

(3) 连接被测电阻,在 X1、X2 端子接上被测电阻,并紧固。

(4) 先将 GA 和 BA 两个闸刀合上,然后再按照测电阻的要求倒接闸刀 S1、S2。

(5) 选择比率臂。

(6) 调整平衡。

5. 示波器

示波器是一种图形显示设备,它能够描绘电信号的图形曲线,呈现的图形能够表明信号随时间的变化过程。该波形能够说明信号的许多特性,如信号的时间、电压值、频率,是否存在部件故障,信号失真,信号的直流值和交流值,噪声值等。

常见的波形包括正弦波、方波和矩形波、三角波和锯齿波、阶跃波和脉冲波、周期和非周期信号、同步和异步信号以及复杂波。示波器在测量波形时,常用的参数包括频率、周期、电压、幅度、相位等。

示波器可以分为模拟示波器和数字示波器,对于大多数的电子应用,情况模拟示波器和数字示波器都是可以胜任的,只是对于一些特定的应用,由于模拟示波器和数字示波器所具备的不同特性,才会出现适合和不适合的地方。

模拟示波器的工作方式是直接测量信号电压,并且通过从左到右穿过示波器屏幕的电子束在垂直方向描绘电压。

数字示波器的工作方式是通过模拟转换器把被测电压转换为数字信息。数字示波器捕获的是波形的一系列样值,并对样值进行存储,存储限度是判断累计的样值是否能描绘出波形为止,随后数字示波器重构波形。数字示波器可以分为数字存储示波器(DSO)、数字荧光示波器(DPO)和采样示波器。

为了保障仪器操作人员的安全和仪器安全,仪器应在安全范围内正常工作,保证测量波形准确、数据可靠,并应注意以下事项:

(1) 通用示波器通过调节亮度和聚焦旋钮使光点直径最小,以使波形清晰,减小测试误差;不要使光点停留在一点不动,否则电子束轰击一点会在荧光屏上形成暗斑,损坏荧光屏。

(2)测量系统和被测电子设备的接地线必须与公共地(大地)相连。

(3)数字示波器配合探头使用时,只能测量信号的波形。绝对不能测量市电 AC220V 或与市电 AC220V 不能隔离的电子设备的浮地信号。

(4)通用示波器的外壳、信号输入端插座金属外圈、探头接地线、AC220V 电源插座接地线端都是相通的。

(5)用户如需测量开关电源、UPS、电子整流器、节能灯、变频器等类型产品或其他与市电 AC220V 不能隔离的电子设备进行浮地信号测试时,使用高压隔离差分探头。

(6)"Y 输入"的电压不能太高,以免损坏仪器,在最大衰减时也不能超过 400V。"Y 输入"导线悬空时,受外界电磁干扰会出现干扰波形,应避免出现这种现象。

(7)关机前先将辉度调节旋钮沿逆时针方向转到底,使亮度减到最小,然后再断开电源开关。

(8)在观察荧屏上的亮斑并进行调节时,亮斑的亮度要适中,不能过亮。

6. 频谱分析仪

频谱分析仪是研究电信号频谱结构的仪器,用于信号失真度、调制度、谱纯度、频率稳定度和交调失真等信号参数的测量,可用于测量放大器和滤波器等电路系统的参数,是一种多用途的电子测量仪器。它又称为频域示波器、跟踪示波器、分析示波器、谐波分析器、频率特性分析仪或傅里叶分析仪等。

最常用的频谱分析仪是扫描调谐频谱分析仪,可调变的本地振荡器经与 CRT 同步的扫描产生器产生随时间作线性变化的振荡频率,经混波器与输入信号混波降频后的中频信号(IF)再放大、滤波与检波传送到 CRT 的垂直方向板,因此在 CRT 的纵轴显示信号振幅与频率的对应关系。

频谱分析仪的主要技术指标有频率范围、分辨力、分析谱宽、分析时间、扫频速度、灵敏度、显示方式和假响应。

频率范围:即频谱分析仪进行正常工作的频率区间。现代频谱仪的频率范围从低于 1Hz 直至 300Hz。

分辨力:即频谱分析仪在显示器上能够区分邻近的两条谱线之间频率间隔的能力,是频谱分析仪最重要的技术指标。现代频谱仪在高频段的分辨力为 10~100Hz。

分析谱宽:又称频率跨度。频谱分析仪在一次测量分析中能显示的频率范围,可等于或小于仪器的频率范围,通常是可调的。

分析时间:完成一次频谱分析所需的时间,它与分析谱宽和分辨力有密切关系。对于实时式频谱分析仪,分析时间不能小于其最窄分辨带宽的倒数。

扫频速度:即分析谱宽与分析时间之比,也就是扫频的本振频率变化速率。

灵敏度:频谱分析仪显示微弱信号的能力,受频谱仪内部噪声的限制,通常要求灵敏度越高越好,现代频谱分析仪的动态范围可达 80dB。

显示方式:频谱分析仪显示的幅度与输入信号幅度之间的关系。通常有线性显示、平方律显示和对数显示三种方式。

假响应:显示器上出现不应有的谱线。这对超外差系统是不可避免的,应设法抑制到最小,现代频谱分析仪可做到小于 90dB。

知识拓展

维检人员需要遵守的基本安全制度如下。

1. 三不动

(1) 未登记联系好不动；

(2) 对设备性能、状态不清楚不动；

(3) 正在使用中的设备（指已办理好进路或闭塞的设备）不动。

2. 三不离

(1) 工作完了，不彻底试验良好不离；

(2) 影响正常使用的设备未修好前不离；

(3) 发现设备有异状时，未查清原因不离。

3. 三不放过

(1) 事故原因分析不清不放过；

(2) 没有防范措施不放过；

(3) 事故责任者和职工没有受到教育不放过。

4. 严格执行作业纪律

(1) 严禁甩开联锁条件，借用电源动作设备；

(2) 严禁采用封连线或其他手段封连各种信号设备电气接点；

(3) 严禁在轨道电路上拉临时线沟通电路造成死区间，或盲目用提高轨道电路送电端电压的方法处理故障；

(4) 严禁色灯信号机灯光灭灯时，用其他光源代替；

(5) 严禁甩开联锁条件，人为沟通道岔假表示；

(6) 严禁未登记要点使用手摇把转换道岔；

(7) 严禁代替行车人员按压按钮、转换道岔、检查进路、办理闭塞和开放信号；

(8) 对带有220V及其以上电压的信号设备进行作业时，一般应切断电源或双人作业。需停电进行检修作业时，应指派专人负责断电，并在电源开关处悬挂警示牌。恢复供电时，应确认全体工作人员作业完毕，脱离带电部件后，方可合闸并摘除警示牌；

(9) 对高于36V电压的信号设备进行带电作业时，应遵守以下规定：

① 使用带绝缘的工具，穿绝缘胶鞋（室内应站在绝缘板上）；

② 不得同时接触导电和接地部分；

③ 未脱离导电部分时，不得与站在地面的人员接触或相互传递工具、材料。

任务实施

1. 对本任务理论知识进行整理归纳，明确学习目标，准备学习参考资料。
2. 学生分组制订学习计划，预习下一个任务的相关知识。
3. 各小组讨论学习车载信号系统设备状态检查要点。
4. 各小组间交流并汇报学习的结果。
5. 完成如下实训任务实施。

车载信号设备状态检查信息如下。

(1)检查车载机柜内部组件的机械位置和电气安装是否正确并记录；

(2)检查机柜内部线缆的机械和电气安装、配置是否正确并记录；

(3)检查车载机柜内部(ATP、ATO、ITF、RCS、PIS、风扇)组件、机柜的机械安装是否牢固并记录；

(4)检查其他硬件(无线天线、应答器天线、OPG、雷达、HMI)的安装是否牢固并记录；

(5)检查线缆连接，包括无线与ITF连接线缆、HMI连接线缆、应答器天线连接线缆、OPG、雷达线缆、输入/输出插头与车辆的连接线缆以及各硬件电源线缆等；

(6)检查车载信号设备电源断路器的连接；

(7)检查车载信号设备供电情况是否正常(指ATP、ATO、天线、HMI、雷达断路器开关等)；

(8)车载信号设备输入信号测试是否正常(包括驾驶室按钮输入信号、钥匙开关等)；

(9)车载信号设备输出信号测试是否正常，包括列车两端车门释放、车门打开/关闭、紧急制动、模拟量输出、折返等。

实 训 任 务 实 施

实训内容	车载信号设备状态的检查	实训设备	车载信号系统设备
实训目标	1.能够按照设备检修作业要求完成对设备状态的检查。 2.能够对车载信号设备的功能和安装位置进行深入的理解		
1.记录车载信号设备有哪些，状态是否正常			
2.记录车载信号设备的安装位置			

复习思考题

1. 城市轨道交通车载信号设备的维护工作要求及常见维护模式有哪些?
2. 简述城市轨道交通车载信号设备的常见故障及形成的原因。
3. 城市轨道交通车载信号设备常用的维护技术有哪些?
4. 简述城市轨道交通车载 ATC 设备的维护规程。
5. 常用设备维护工具的使用注意事项有哪些?

模块五 车载信号系统故障处理

知识目标

1. 了解故障处理安全管理须知。
2. 掌握 ATP 出现故障后的状态显示、故障处理流程及常见故障的定位方法。
3. 掌握 ATO 出现故障后的状态显示、故障处理流程及常见故障的定位方法。
4. 掌握车载信号系统故障影响。
5. 掌握定位故障模块方法。
6. 了解 CBTC 系统车载信号常见故障。

能力目标

1. 能识别 ATP 故障的状态显示。
2. 能定位 ATP 故障模块。
3. 能按照流程对 ATP 故障进行处理。
4. 能识别 ATO 故障的状态显示。
5. 能定位 ATO 故障模块。
6. 能按照流程对 ATO 故障进行处理。
7. 能分析车载信号系统出现故障后带来的影响。
8. 能对司机显示器 TOD 故障进行分析。
9. 能对加速度计故障进行分析。
10. 能对车载机柜常见故障进行分析。
11. 能对速度传感器常见故障进行分析。
12. 具备对车载信号设备故障模块进行检查、定位及处理的操作技能。

重点掌握

1. ATO 故障模块的定位。
2. ATP 故障模块的定位。
3. 按照流程对 ATP 故障进行处理。
4. 按照流程对 ATO 故障进行处理。
5. 加速度计故障的分析。
6. 车载机柜常见故障的分析。

7. 速度传感器常见故障的分析。

8. 司机显示器 TOD 故障的分析。

单元一　车载信号系统故障处理管理

　教学准备

1. 模拟仿真实训室,有条件的可在具有设备的实训场所,或在城市轨道交通信号设备控制室现场教学。

2. 在多媒体教室展示车载信号设备出现故障的定位方法及处理流程。

3. 教学用的相关视频或图片。

4. 车载信号设备相关模型。

基础知识

为了避免车载信号设备出现故障后对行车安全及人身安全有影响,检修人员必须遵守所有故障处理流程、注意事项、安全守则等规定,并熟知故障处理手册以便能安全、正确地进行作业,相关维修人员要承担安全责任。

一、车载信号系统故障处理安全管理须知

(1)只有经过培训且经授权的人员才允许对设备故障进行处理。

(2)使用恰当的设备、工具、检查装置等进行检修。

(3)禁止未经同意就改动或变更车载信号设备。

(4)更换设备模块时必须先关闭计算机,切断电源。

(5)更换带有软件的模块时,需要把原模块的程序芯片取下,再换到新模块上。

(6)更换带有特殊数据的模块后,要把相应的数据输入到新模块上。

(7)使用电子器具及测量装置时,一定要连接设备的绝缘装置和接地装置。

(8)只有在不带静电的情况下,才允许抽取或插入模块,因此在抽取模块前必须将有关模块的供电切除。为避免静电对设备造成干扰,在拔出或插入模块时,必须使用接地腕带并与机柜的 0V 插座相连。

(9)由于在故障处理期间模块上的显示可能会改动,因此要尽可能记下故障模块和非故障模块上的显示。对已经被确定的故障模块必须装入包装并附上问题报告。

二、车载信号系统定位故障模块

(一)ATP 故障处理

1. ATP 故障状态

ATP 出现故障后主要显示以下几种状态。

1)ATP 计算机通道切断

当 ATP 是"三取二冗余"系统时,ATP 监督装置或处理程序检测到一个 ATP 计算机通道故障,此计算机将与安全相关的输出切断,正在处理中的运行程序将会停止,但其他两个通道

的计算机仍然工作。如果切断没有得到有效控制,那么将继续进行安全切断,也就是整个计算机系统被切断。

当 ATP 是"二取二"系统时,ATP 监督装置或处理程序检测到一个 ATP 计算机通道故障,所有与安全相关的输出被切断,正在处理中的运行程序将会停止,也就是整个计算机系统被切断。

2) ATP 计算机系统的某些输出被锁闭

此状态指的是部分输出板或其连接的电路出现故障,将会切断受影响的模块,如果切断此模块不成功,将会切断受影响的计算机通道,如果执行此操作后还不能得到有效控制,将会切断整个计算机系统的输出。

3) 其他故障状态

在设备使用过程中,软件偶尔会出现故障,导致此故障的原因可能是温度或控制总线温度引起的,这种情况不需要检修硬件,只需要重启出现故障的计算机即可恢复正常。

2. ATP 故障处理流程

处理故障的关键点便是收集故障现象信息,获取故障信息可以通过以下途径:首先从使用部门的人员处获得,如控制中心操作员、司机等;其次可以查看相关设备的显示,如相关模块的显示及设备终端的显示等;再次也可以从设备的报告中获取。

故障的定位应遵循把故障带来的影响控制在最小范围内的原则。ATP 车载单元一旦出现涉及安全方面的故障,就会触发紧急制动,且 ATP 车载单元将被切断。如果同一故障重复出现数次,则要在列车下线后进行设备维修。

ATP 设备出现故障的原因有很多,归结起来主要有以下几种。

1) ATP 模块故障

此类故障出现的频率最高。故障出现后要对模块显示及系统信息进行检查,如果能判断出现故障的模块,就直接更换故障模块。如果没有信息显示,就要根据故障现象逐块更换相关模块。

2) 与 ATP 有接口的外部设备出现故障

此类事件出现的频率较高,一旦出现此类故障,ATP 会出现计算机通道切断、输入锁闭或死机的现象。相关部门的维修人员必须具有较高技能,除了要掌握 ATP 设备和接口外,还要对外部设备有一定的了解。

3) 软件出现故障

软件出现故障的现象一般是计算机死机,可通过复位操作进行恢复。由于软件运行出错而引起的故障现象比较少,但是一旦出现故障后带来的影响较大。

4) 人为操作或输入错误

人为因素引起的故障,一般可以通过复位操作进行恢复。为避免再次出现人为失误引起故障,相关部门必须对操作人员及维修人员进行培训,并制订完善的操作规程。

5) 与温度和环境相关的故障

此类故障一般出现在温度较高及灰尘较大的环境下,故障现象一般是 ATP 死机,通过重启计算机即可恢复正常。为避免此类故障再次发生,就要对设备的运行环境进行彻底的改善。

6）配线端子架、机架和电缆等故障

此类故障出现的概率极小，但一旦出现很难查找故障原因，通常采取的方法是更换所有的模块，然后再进行配线端子架、机架和电缆的全面检查。

3. ATP设备常见故障的定位方法（见表5-1）

ATP设备常见故障的定位方法　　　　　表5-1

序号	常见故障	定位方法
1	车载ATP没有有效信息	（1）检查ATP切除开关的位置是否正确； （2）检查保险自动开关的位置是否正确； （3）重新复位计算机，如果故障再次出现，则继续查看车载设备的显示状态，按照显示查找故障原因
2	ATP按钮无效	（1）如果驾驶室驾驶台上某个按钮无效，则确定为此按钮出现故障； （2）如果两个按钮同时无效，则重启计算机； （3）如果重启计算机后故障没有消除，则要对ATP的输入模块进行逐块更换
3	列车折返后，打开钥匙，AR灯仍闪亮	（1）检查插头与配线是否有故障； （2）检查主控钥匙的接点是否有问题； （3）如接点没有问题的话，则关钥匙再次打开，如灯仍闪亮，则要更换DES4模块
4	列车自动关门	（1）检查配线是否有故障； （2）检查自动关门时有无门释放信息，如果有则属于车辆出现故障导致的，如没有门释放信息则要对ATP的输出模块进行逐块更换
5	列车不能关门	（1）将关门开关切换到手动关门位置，如手动关门仍不能关闭，则属于车辆问题； （2）如能手动关门，则检查配线是否出现问题，然后更换输出模块
6	ATP轨旁单元完全切断	（1）重启ATP轨旁单元，如重新启动后仍不能恢复正常，则尝试启动"二取二"系统，如果一个系统启动成功，则定位为另一个系统出现问题； （2）如果两个系统都不能启动，则确定为两个计算机系统都有故障

（二）ATO故障处理

1. ATO故障状态显示及处理程序（见表5-2）

ATO故障状态显示及处理程序　　　　　表5-2

序号	常见故障	故障状态显示	处理程序
1	ATO电源出现故障	（1）所有ATO电源模块的LED灯灭	（1）检查保险自动开关状态是否正确； （2）检查LETT2的电压； （3）更换LETT2； （4）更换ATO电源模块； （5）更换ATO整层
		（2）ATO无功能，电源关闭；ATO电源仅LED"i"灯红色，短路保护触发	（1）重启ATO计算机系统； （2）ATO所有模块进行逐个更换； （3）ATO更换整层

续上表

序号	常见故障	故障状态显示	处理程序
2	IMU 电源出现故障	(1)IMU-VERS 的 LED"5"和 LED"24"灯灭,列车不能发送数据到轨道	(1)更换 IMU-VERS; (2)更换 LETT2; (3)更换整层
		(2)IMU-VERS 的 LED"5"和 LED"24"灯灭,IMU-VE 上的 LED 灯灭,列车不能发送数据到轨道	(1)检查 ATP24V 的电压供应是否正常; (2)更换 IMU-VERS; (3)更换 LETT2; (4)更换整层
3	IMU-VE 出现故障	(1)IMU-VE 的 LED"A"灭,从列车到轨道不能发送数据	(1)使用 ATO 诊断接口与诊断 PC 连接,然后读取故障信息及相关提示; (2)按压 IMU-VE 模块上的复位功能键; (3)更换 IMU-VE
		(2)IMU-VE 的 LED"R"长亮或长灭,按下复位键后此故障仍然存在,相关数据不能从列车发送到轨道	直接更换 IMU-VE
		(3)IMU-VE 的 LED"S"不闪,不能把数据由列车发送到轨道,ATO 与 IMU 无通信	(1)使用 ATO 诊断接口与诊断 PC 连接,然后读取故障信息及相关提示; (2)按压 IMU-VE 模块上的复位功能键; (3)更换 IMU-VE
		(4)IMU-VE 的 LED"L"灭,无循环 FSK 报文重复,不能把数据由列车发送到轨道	(1)按压 IMU-VE 模块上的复位功能键; (2)更换 IMU-VE
		(5)IMU-VE 的 LED"M"灭,调节器不能工作,不能把数据由列车发送到轨道	(1)按压 IMU-VE 模块上的复位功能键; (2)更换 IMU-VE
4	LETT2 模块出现故障	(1)ATO 电源中仅有 LED"i"不亮,ATO 失去功能	(1)检查保险自动开关 4F05; (2)更换 LETT2; (3)对电压进行检查; (4)更换整层
		(2)IMU 所有的 LED 灯不亮,IMU 失去功能,PTI/IMU 失去作用	(1)检查保险自动开关 4F05; (2)更换 LETT2; (3)对电压进行检查; (4)更换整层
		(3)给正常运行中的列车带来影响,可能引起列车紧急制动	(1)使用车辆训练器和适配器读取故障信息,必要时更换 LETT2 和 TINTE; (2)检查 ATP 所对应的 LETT2 的前电缆
5	VE 模块出现故障	(1)VE 七段显示中的垂直条不闪亮,显示故障信息,计算机不能启动,不能达到操作要求	(1)诊断 PC,读取相关故障信息; (2)更换 VE; (3)更换 SPIMUB; (4)更换所有模块; (5)更换整层
		(2)给正常运行中的列车带来影响,可能出现非正常 ATO 驾驶或列车紧急制动	(1)诊断 PC,读取相关故障信息; (2)更换 VE

续上表

序号	常见故障	故障状态显示	处理程序
6	SP1MUB 模块出现故障	（1）SP1MUB 模块上的读取 LED 静止，计算机无法启动，不能达到运行状态	（1）诊断 PC，读取相关故障信息； （2）更换 SP1MUB 模块； （3）更换 VE；更换整层
		（2）SP1MUB 模块上的读取 LED"0"-"4" 静止，给正常运行中的列车带来影响，可能出现非正常 ATO 驾驶或列车紧急制动情况	—
		（3）不能读取、调整及纠正时钟	（1）诊断 PC，读取相关故障信息； （2）更换 SP1MUB 模块； （3）更换 VE； （4）更换整层
7	TINTE 模块出现故障	无法使用车辆训练器和适配器读取到速度脉冲，给正常运行中的列车带来影响，可能使列车紧急制动	（1）使用车辆训练器和适配器对数据进行检查； （2）更换 LETT2 和 TINTE
8	DINBUS 模块出现故障	（1）中断与 ATP 的联系，大约 7s 后 ATO 关闭，DINBUS 的 LED 灭	（1）使用车辆训练器和适配器对数据进行检查； （2）更换 ATO 的 DINBUS； （3）检查 DINBUS 模块的前插头及电缆； （4）更换 ATP 的 DINBUS
		（2）MES80-BUS 数据传输故障，SW/HW 故障复位信息出错或没有地址输入	（1）使用车辆训练器和适配器对数据进行检查； （2）更换 DINBUS
9	SIRIUS 模块出现故障	（1）模块内部的 LEDV79 显示灭灯状态，无法使用诊断 PC 对数据进行诊断，数据不能输出到 IMU	（1）对内部 5V VCC1 电压进行检查或测量； （2）对 SIRIUS 模块进行更换
		（2）通道 1 的"RECEIVE"和"SENDING"数据出现故障，数据不能输出到 IMU	（1）对 SIRIUS 模块进行更换； （2）检查配线是否有故障
		（3）通道 2 的"RECEIVE"和"SENDING"数据出现故障，不能使用诊断 PC 对数据进行诊断	（1）对 SIRIUS 模块进行更换； （2）检查配线是否有故障
		（4）VE-SIRIUS 数据传输出现故障，不能使用诊断 PC 对数据进行诊断，数据不能输出到 IMU	（1）对 SIRIUS 模块进行更换； （2）检查配线是否有故障； （3）更换整层
10	TASTE 模块出现故障	（1）ATO 电源仅 LED"i"灯红色，ATO 没有显示或功能失效	（1）使用车辆训练器和适配器对 ATO 静态测试的数据进行检查； （2）对 TASTE 模块进行更换； （3）对 SYSAK 模块进行更换； （4）对前电缆进行检查及测量
		（2）显示错误，影响正常行驶中的列车	（1）使用车辆训练器和适配器对 ATO 静态测试的数据进行检查； （2）对 TASTE 模块进行更换； （3）对前电缆进行检查及测量

续上表

序号	常见故障	故障状态显示	处理程序
11	SIRIUS2-1模块出现故障	主、从间不能交换数据,不能用诊断PC进行从诊断	(1)使用车辆训练器和适配器对ATO静态测试的数据进行检查; (2)对SIRIUS2-1模块进行更换; (3)检查配线是否有故障; (4)更换整层

2. ATO设备常见故障的定位方法(见表5-3)

ATO设备常见故障的定位方法　　　　表5-3

序号	常见故障	定位方法
1	车载ATO没有有效信息	(1)检查保险自动开关的位置是否正确; (2)重启计算机,如重启后故障仍然存在,则观察车载设备的显示状态,按照显示查找故障原因
2	列车ATO驾驶时冲出停车点	(1)若多列车发生此现象,则检查轨旁设备是否出现故障; (2)若单列车出现此故障,则观察司机驾驶显示单元在制动过程中有无制动图标,同时测量ATO有没有发出制动命令,如果端子发出过命令且有图标或没有命令发出,则属于车辆的故障造成的; (3)最后检查轮径的设置是否正确
3	列车在ATO模式下无牵引	(1)检查ATO有没有牵引命令输出和模拟量输出,如果有则为车辆故障引起的;如果没有则逐块更换ATO的TASTE模块、TINTE模块及VE模块; (2)对配线进行检查
4	列车在RM模式下速度超过15km/h时产生紧急制动	(1)重新输入服务数据; (2)如果重新输入数据后此故障再次出现,则更换DIMAS模块
5	ATO按钮无效	(1)如果驾驶室驾驶台上某个按钮无效,则确定为此按钮出现故障; (2)如果两个按钮同时无效,则重启计算机; (3)如果重启计算机后故障没有消除,则要对ATO的输入模块进行逐块更换; (4)检查配线是否有故障
6	以ATO模式运行的列车制动时产生紧急制动	(1)首先确定是否由于下雨引起的; (2)检查车站控制室、列车内及站台上的紧急停车按钮是否被按下; (3)读取故障信息和紧急制动数据,判断此故障是由于轨旁设备还是车上设备引起的

知识拓展

1. 端子

端子是蓄电池与外部导体连接的部件。电工学中,端子多指接线终端,又叫接线端子,按形式分为单孔、双孔、插口、挂钩等,按材料分为铜镀银、铜镀锌、铜、铝、铁等。接线端子逐渐被广泛应用到各个领域,在传递电信号和导电方面起到了连接作用,从而减少了工作量和生产成本的消耗,给生产和使用带来了诸多便利,避免了许多的麻烦,从而达到简化产品结构、节约制造成本的目的。因此针对端子检测带来的好处并结合市场分析,应用适合端子检测的仪器可以专业地对检测设备进行检测。

2. 紧急停车按钮

遇到人或物坠落轨道、侵入限界、夹人夹物开车等紧急情况,列车继续运行可能危及行车或人身安全而列车司机不能及时发现时,站务人员或乘客可以按压紧急停车按钮,使列车紧急停车。

紧急停车按钮被按压后,站台附近的轨道电路区段为有效范围,使进入限速区段的列车紧急制动。岛式站台的有效停车范围为按压侧站台的一条线路,侧式站台的有效停车范围为两侧站台间的两条线路,双岛式站台内侧的有效停车范围为中间两条线路,双岛式站台外侧的有效停车范围为被按压侧的一条线路。

紧急停车按钮触发后,相对应站台的出站信号机及所有通向该站台进路始端信号机不能开放,如果已经开放,将立即关闭。

紧急停车由车站控制室恢复,紧急停车恢复后,相应管辖范围的紧急停车限制被解除,列车恢复运行。

 任务实施

1. 对本任务理论知识进行整理归纳,明确学习目标,准备学习参考资料。
2. 学生分组制订学习计划,预习下一个任务的相关知识。
3. 各小组讨论学习车载信号设备故障的分析处理。
4. 各小组间交流并汇报学习的结果。
5. 填写如下任务实施考核评价表。

任务实施考核评价表

考核内容	分值	标 准	学生自评	小组互评	教师评定
ATP 出现故障时的状态显示	15	能熟练说出 ATP 出现故障时的状态显示			
ATP 故障处理流程	15	能准确说出 ATP 故障处理流程			
ATP 常见故障的定位方法	20	能对 ATP 常见故障进行定位			
ATO 出现故障时的状态显示	15	能熟练说出 ATO 出现故障时的状态显示			
ATO 故障处理流程	15	能准确说出 ATO 故障处理流程			
ATO 常见故障的定位方法	20	能对 ATO 常见故障进行定位			
成绩					
总成绩					

单元二　车载信号系统故障影响

 **教学准备**

1. 模拟仿真实训室,有条件的可在具有设备的实训场所,或在城市轨道交通信号设备控制室现场教学。
2. 在多媒体教室展示车载信号设备故障影响。
3. 教学用的相关视频或图片。
4. 车载信号设备相关模型。

 基础知识

车载 ATO 设备发生故障会带来一系列影响,如列车运行不能实现自动控制,不能实现自动走行控制,不能实现精确停车,不能自动开关门,不能自动折返,不能自动调整运行,无法达到规定的运行速度和间隔。

如果车载 ATP 设备发生故障,信号系统只能给故障列车提供联锁进路防护功能。此后,故障列车切换到非限制人工驾驶模式运行,列车根据地面信号和行车调度人员的指挥运行。

一、车载机柜(CC)故障影响

车载机柜用来执行移动授权,并且能够根据移动授权计算出相应的速度—距离曲线。一旦车载机柜出现故障,将导致本列车车载信号设备瘫痪,列车将会在没有车载信号保护的情况下运行,危及行车安全。

二、列车司机显示器(TOD)故障影响

列车司机显示器位于驾驶室内,主要功能是显示与信号相关的车次号、目标距离、目标速度、停车距离、下站距离、下一站、终点站、司机号、屏蔽门开关状态等信息,并通过 TOD 显示界面反馈给司机或信号维护人员。

列车司机显示器 TOD 出现故障后,司机与车载信号的人机信息交互功能将会失去,司机不能对与信号相关的驾驶信息进行掌握。

三、速度传感器(EOSS)故障影响

速度传感器的功能主要是辅助测量列车运行速度。当速度传感器经过转动的车轮轮齿的时候会实时地输出数字脉冲,随后这些脉冲由硬件计数器计数,所以可以在给定周期内测试列车运行速度。车载 CC 会对速度传感器和加速度计输入数据的一致性进行实时监控,如监测到速度传感器信息及速度的非常规变化,则会对异常情况进行记录。这些异常情况能说明车轮出现了空转或打滑现象,也有可能出现速度传感器信号丢失情况。当出现空转或打滑现象时,车载 CC 会根据加速度计测量的减速度率和加速度率来计算列车运行的实际速度。这样就确保了在列车发生空转或打滑现象时仍能计算实际运行速度和列车位置,并且当检测到应答器时,将

进行车辆的位置校正。如果空转或打滑现象超过了规定的时间,CC 将会发出报警。

当速度传感器发生故障后,系统将不能对列车运行速度进行测量,即不能对列车运行速度进行实时监控,车载 CC 也无法获得列车运行的实际速度,也无法对车轮空转或打滑现象进行监控。

四、加速度计故障影响

加速度计安装在车载机柜中,主要功能是用于检测列车运行中的空转和打滑现象。一旦加速度计出现故障,将不能检测到列车运行中的空转和打滑现象,继而影响车载系统对列车实时运行速度的测量。

五、应答器查询天线(TIA)故障影响

应答器查询天线安装在车辆的转向架上,作用是用来接收应答器传递来的信息,并将信息传递到车载 CC,它是列车在点式模式下运行时与地面进行通信的重要设备。

一旦应答器查询天线发生故障,列车与地面信号设备的单向通信功能将丧失。

六、车载 MR 无线天线故障影响

车载 MR 无线天线是车载数据通信系统(DCS)的重要组成部分,由移动通信系统(MR)主机和 MR 天线构成。在列车两端,安装有一个 MR 主机和两个 MR 天线,MR 的作用主要是在轨旁设备和车载设备间进行数据的传输。

一旦车载 MR 无线天线发生故障,列车的相关运行数据不能通过无线网络传递到轨旁信号系统,同时列车也不能接收到轨旁信号系统传递来的行车指挥数据,车地通信功能将会失去作用。

七、继电器故障影响

继电器是一种电控制器件,是当输入量(激励量)的变化达到规定要求时,在电气输出电路中使被控量发生预定的阶跃变化的一种电器。它具有控制系统(又称输入回路)和被控制系统(又称输出回路)之间的互动关系。它是用小电流控制大电流运作的一种自动开关,故在电路中起着自动调节、安全保护、转换电路等作用。在整机可靠性研究中,把继电器列为作用较小的设备。但是继电器在控制电路中具有其他元件无法比拟的电气和物理特性,另外,继电器的标准化程度较高、通用性较好,具有简化电路的特点,所以如今继电器的应用越来越广泛。

继电器出现故障后,会导致列车晚点、清客及救援事件的发生,给运营服务质量带来较大的负面影响。

八、多普勒雷达故障影响

多普勒雷达,又名脉冲多普勒雷达,是一种利用多普勒效应来探测运动目标的位置和相对运动速度的雷达。1842 年,奥地利物理学家 J·C·多普勒发现,当波源和观测者有相对运动时,观测者接收到的波的频率和波源发来的频率不同,这种现象被称为多普勒效应。波源和观测者相互接近时,接收到的频率升高;两者相互离开时,频率则降低。多普勒雷达就是利用这

种多普勒效应制造而成的一种脉冲雷达。脉冲多普勒雷达含有距离波门电路、单边带滤波器、主波束杂波抑制电路和检测滤波器组，能较好地抑制地物干扰。

多普勒雷达的工作原理可表述如下：当雷达发射一固定频率的脉冲波对空扫描时，如遇到活动目标，回波的频率与发射波的频率出现频率差，称为多普勒频率。根据多普勒频率的大小，可测出目标对雷达的径向相对运动速度；根据发射脉冲和接收的时间差，可以测出目标的距离。同时用频率过滤方法检测目标的多普勒频率谱线，滤除干扰杂波的谱线，可使雷达从强杂波中分辨出目标信号。所以多普勒雷达比普通雷达的抗杂波干扰能力强，能探测出隐蔽在背景中的活动目标。

当多普勒雷达发生故障后，系统将不能对列车运行速度进行测量，即不能对列车运行速度进行实时监控，车载 CC 也无法获得列车运行的实际速度，也无法对车轮空转或打滑现象进行监控。

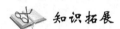知识拓展

应 答 器

1. 概述

应答器用于向列车控制系统传送线路基本参数、线路速度、特殊定位、列车运行目标数据、临时限速、车站进路等固定和实时可变的信息。随着列车运行速度不断提高，应答器设备成为高速列车控制系统中的重要基础设备，也是信号系统引入的新设备。

2. 分类

（1）无源应答器：无源应答器存储固定信息，当列车经过无源应答器上方时，无源应答器接收到车载无线天线的供应商发射的电磁能量后，将其转换成电能，使地面应答器中的电子电路工作，把存储在地面应答器中的数据循环发送出去，直至电能消失（即车载天线已经离去），平常处于休眠状态。

（2）有源应答器：有源应答器通过电缆与地面电子单元（LEU）连接，可实时发送 LEU 传送的数据报文。当列车经过有源应答器上方时，有源应答器接收到车载天线发射的电磁能量后，将其转换成电能，将 LEU 传输给有源应答器的数据循环实时发送出去，直至电能消失（即车载天线已经离去），平常处于休眠状态。

无论是无源应答器还是有源应答器，其工作原理是一样的。当列车经过地面应答器上方时，应答器接收到列控车载设备点式信息接收天线发送的电磁能量后，应答器将能量转换为工作电源，启动电子电路工作，把预先存储或 LEU 传送的 1023 位应答器传输报文循环发送出去，直至电磁能量消失。

3. 特点

（1）提供固定信息：里程标、区间长度、限速值、坡道值等。

（2）提供实时信息：股道号、进站、出站、通过等。

（3）寿命长。

4. 工作原理

应答器设备可以简单地理解为一个数据存储器和发送器，当车载天线激活该应答器时，应答器发送自身存储的应答器报文或 LEU 传送的应答器报文。当列车上的查询器通过地面应

答器时,应答器被查询器瞬态功率激活进入工作状态,并向查询器连续发送存储于应答器中的行车数据。

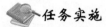 任务实施

1. 对本任务理论知识进行整理归纳,明确学习目标,准备学习参考资料。
2. 学生分组制订学习计划,预习下一个任务的相关知识。
3. 各小组讨论学习车载信号设备故障影响。
4. 各小组间交流并汇报学习的结果。
5. 填写如下任务实施考核评价表。

任务实施考核评价表

考核内容	分值	标　准	学生自评	小组互评	教师评定
车载机柜(CC)故障影响	10	能熟练说出车载机柜(CC)故障影响			
列车司机显示器(TOD)故障影响	10	能准确说出列车司机显示器(TOD)故障影响			
速度传感器(EOSS)故障影响	10	能对EOSS常见故障进行定位			
加速度计故障影响	10	能熟练说出加速度计故障影响			
应答器查询天线(TIA)故障影响	10	能熟练说出应答器查询天线(TIA)故障影响			
继电器故障影响	10	能熟练说出继电器故障影响			
车载MR无线天线故障影响	10	能熟练说出车载MR无线天线故障影响			
多普勒雷达故障影响	10	能熟练说出多普勒雷达故障影响			
遇到问题时的应急处理能力	10	能及时反馈问题信息			
讨论问题的表现	10	态度端正、积极参与			
成绩					
总成绩					

单元三　车载信号设备故障处理流程

 教学准备

1. 模拟仿真实训室,有条件的可在具有设备的实训场所,或在城市轨道交通信号设备控制室现场教学。

2.在多媒体教室展示车载信号设备故障处理流程。
3.教学用的相关视频或图片。
4.车载信号设备相关模型。

基础知识

车载信号设备是保证列车安全运行的重要系统,一旦车载信号设备出现故障,可按照以下流程处理故障。

一、故障处理前准备

(1)把握出现故障的时间、地点、车号及故障现象,并记录故障现象;观察列车司机显示器的显示状态及驾驶室内各种指示灯的显示状态,初步分析故障原因,待到现场再逐一进行排查,但是某些故障可直接得出产生的原因。对一些报告不清楚的故障可直接询问司机、行车调度员或乘务部门。

(2)读取故障信息,查看显示屏记录,记录车载机柜内各个指示灯显示状态信息及模块代码。

(3)分析故障现象及信息,测量各关键点的电压。

(4)根据检查结果对故障现象进行修复,故障排除后去往试车线进行试车、扣车及更换设备等。

二、定位故障模块方法

1. 电压法

电压法是故障处理方法中比较常用的一种,可以分两种情况进行处理。

(1)在开钥匙前提下,按照图纸测量各关键点电压,然后与标准值进行比较来判断故障发生点。

(2)采用二分法,即从电路中间进行测量电压,之后判断是测量点前方还是后方发生故障,重复此过程逐段缩小范围来找出故障发生点。

2. 电阻法

此方法是通过用电阻档测量判断线路的通断,当接线过长导致无法进行测量时,可以使线的另一端与另一条线短接,形成一个回路,再进行测量。

此方法常用于判断带有继电器、按钮及车头的线路等故障,并且在使用时一定要在断电状态下进行测试。

3. 开路法

此方法在采用时要断开后边级联电路,测量前端输出电压,如果电压正常,则说明前级设备正常;如果电压异常,则说明前级设备有故障。

此方法常用于排除与车载信号设备接口的外部设备故障,如线路对地引起的 ATP 交叉及电源跳闸等。

4. 比较法

测试人员在对某接点进行工作时,如果不熟悉电气参数,则测量另一个正常驾驶室在同一工作状态下的电气参数,以此参数作为参考值,依此来判断接点的电压是否能正常工作。

5. 对换法

当车载信号系统出现故障,且在检查时不能确定故障模块时,可以将疑似故障模块对换到另一列车的相同设备处(注意对换时模块的型号要保持一致,带软件的模块要检查软件版本号是否一致),随后观察或跟踪故障现象是否转移到了此列车上,如果此列车也发生了类似故障,则定位为此模块发生故障,否则,反之。对换后要读取此列车上的故障信息,监测两个驾驶室内设备是否正常,以确保列车安全运营。对换后记下对换模块的编号,避免后续对换过程中发生混乱。

6. 替代法

当确定故障发生点有困难时,可用另一驾驶室内相同型号的、完好的模块替换疑似出现故障的模块,快速判断故障再进行更换,也可以直接使用备用模块进行替换。特别注意的是,在进行更换或替换时一定要注意型号是否一致,带软件的模块要检测软件版本号是否与原来的一致。更换或替换后要及时读取故障信息,恢复另一驾驶室设备的正常使用,确保安全运营。

三、故障处理流程

(一) 当列车在正线发生车载信号故障时,处理流程如下

(1) 在车载信号专业人员的建议下,司机与行车调度员联系,司机将本车的故障原因及故障处理方法告知行车调度员和通号车间调度,由行车调度员安排故障处理的时间和地点。

(2) 司机在得到行车调度员和通号车间调度的同意后才能进行故障处理,在正线上处理故障的常用方法是重启 CC。由于 CC 在重启过程中,板卡状态极不稳定,所以在重启 CC 时应按照以下流程进行:

①在得到行车调度员和司机的同意后,车载信号专业跟车人员在 A 站停车后先将 CC 工作电源关闭。

②司机在 A 站按照 NRM 模式下的操作规程进行相关开关门作业。

③列车以 NRM 模式从 A 站正常发车,到达 B 站对标停车后,司机在 B 站按 NRM 模式下的操作规程进行相关开关门作业。在 A 站至 B 站的区间内,信号人员保证 CC 机柜处于断电状态。

④列车以 NRM 模式从 B 站正常发车,车载信号专业跟车人员在得到司机的同意后,在 B 站至 C 站的区间内将 CC 工作电源合上。

⑤列车以 NRM 模式到达 C 站后,司机在得到信号专业跟车人员 CC 复位成功的确认后,方可以 DBY 模式进行开关门操作。

⑥由于 CC 复位后需要重新进行列车定位,因此列车将以 NRM 模式从 C 站行驶到达 D 站对标停车后恢复 ATO 模式。

(二)列车在库内故障处理流程

车载信号系统设备故障处理流程见图 5-1。

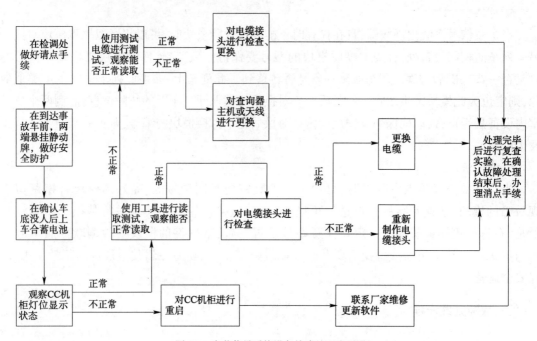

图 5-1 车载信号系统设备故障处理流程图

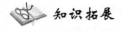 知识拓展

NRM

NRM 是不受控(ATP)人工驾驶模式(非限制人工驾驶模式)。一般具有一定的限速,限速值可以通过车载 ATP 系统和车辆监控系统进行调节。ATC 车载设备处于切除状态而不监控列车的运行,司机根据调度命令和地面信号的显示驾驶列车。列车运行的安全由联锁设备、调度人员、司机共同保证。站台停车,车门及屏蔽门的开关均由司机人工控制。

NRM 仅在车载信号设备故障的情况下使用。此时 ATP 系统处于被切离的状态,所有车载信号设备的牵引和制动命令完全失效,ATP 将不起任何作用。列车运行的安全由司机负责,司机必须使用特殊的钥匙开关才能进入此模式。每次使用前必须登记,列车运行速度由列车监控系统负责,并不得超过一定速度(例如 25km/h),若列车运行超过此速度则列车将产生紧急制动。当载客列车因车载信号故障按此模式运行时,必须在就近车站清客,空车返回车辆段进行故障诊断。

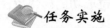 任务实施

1. 对本任务理论知识进行整理归纳,明确学习目标,准备学习参考资料。
2. 学生分组制订学习计划,预习下一个任务的相关知识。

3. 各小组讨论学习车载信号设备故障的处理流程。

4. 各小组间交流并汇报学习的结果。

5. 填写如下任务实施考核评价表。

任务实施考核评价表

考 核 内 容	分值	标　　准	学生自评	小组互评	教师评定
定位故障模块方法	20	了解定位故障模块方法			
列车在正线发生车载信号故障时的处理流程	25	能熟练说出列车在正线发生车载信号故障时,处理流程			
列车在库内进行故障处理流程	25	能熟练说出列车在库内处理故障流程			
任务实施过程记录	10	是否对所学知识进行详细记录			
解决问题的能力	10	能否快速解决问题			
讨论问题的积极性	10	积极参与讨论问题			
成绩					
总成绩					

单元四　常见故障分析处理

教学准备

1. 模拟仿真实训室,有条件的可在具有设备的实训场所,或在城市轨道交通信号设备控制室现场教学。

2. 在多媒体教室展示车载机柜常见故障分析、加速度计故障分析、司机显示器 TOD 故障分析及速度传感器常见故障分析。

3. 教学用的相关视频或图片。

4. 车载信号设备相关模型。

基础知识

一、CBTC 系统车载信号常见故障

1. ATP 冗余故障

通常,城市轨道交通列车有两套车载信号设备,分别布置在列车的两端,如果列车的前端(尾端)车载信号设备出现故障,将由列车尾端(前端)的车载信号设备掌握列车的控制权,所以说列车两端的车载信号设备互为冗余。对某城市轨道交通 1 号线 2013 年 1 月至 2013 年 7 月 ATP 冗余进行统计,如表 5-4 所示,通过对数据的分析,结合此线路的实际运行情况,导致

ATP冗余故障的主要原因是机柜、天线、雷达、测速电机、应答器等设备故障，如接头松动、贯通线较短等。

ATP冗余发生的次数统计表　　　　　　　　　　　　　　　　　　表5-4

月份	1月	2月	3月	4月	5月	6月	7月
次数	130	103	98	88	33	30	16

从上述ATP冗余故障的分析结果来看，如要彻底解决ATP冗余故障，必须在设备软件、技术上进行不断的升级。实践表明，自从5月份对ATP设备进行全面升级之后，城市轨道交通车辆在运行的过程中ATP冗余故障的发生次数明显减少，重要的是，在对设备软件进行升级之后，ATP的冗余故障问题也得到了有效的解决。如果城市轨道交通列车在正线运营的过程中发生冗余故障，由于此种故障对列车运行不会造成一定的影响，因此这类故障可以等列车运营结束之后再对其进行处理。如果ATP冗余发生切换之后，系统冗余无法切换回故障端，这时若要解决CBTC系统车载信号故障，应该重新启动列车驾驶室两端的ATP系统设备，并将ATP开关切除，如此既可有效地解决这类故障，又能够有效地保证列车运行的安全性。

2. 控制系统的无线通信信息丢失故障

无线通信信息丢失故障是城市轨道交通车辆CBTC系统车载信号的常见故障，此故障的发生较为频繁，对列车控制系统的正常运行造成一定的威胁。对某城市轨道交通1号线2013年1月至2013年7月无线丢失故障数据进行调查，如表5-5所示。

无线通信信息丢失故障数据统计　　　　　　　　　　　　　　　　表5-5

月份	1月	2月	3月	4月	5月	6月	7月
次数	32	29	25	20	12	14	8

一旦城市轨道交通列车CBTC系统车载信号出现丢失故障，则将对列车的安全运行带来一定程度的影响，因此，必须严格把握CBTC控制系统无线通信丢失故障的处理措施。如果发生无线信号丢失故障，首先要重新启动无线单元，然后检查城市轨道交通车辆各个无线单元的指示灯位是否能正常显示，同时要密切观察CPU板、加密板及电源板等设备的运行状态，如果设备运行出现异常的话，需要再次启动无线单元。无线单元的重启步骤如下：

（1）将RCSCB断路器扳下，并将两端的RCSCB断开。

（2）将ATPFS的任意一端调整到故障位，持续30秒后显示屏上的"system down"消失，然后再将RCSCB断路器合上从而恢复城市轨道交通车辆两端的RCSCB，同时将ATPFS调整至正常位，持续150秒之后，车载信号设备以及无线单元等指示灯显示正常，至此无线单元启动完毕。如果没有充足的时间重启无线单元，则可以采取以下措施进行故障处理：前提是在保证能够满足城市轨道交通车辆两端的ATP系统没有冗余以及一端的无线单元正常运行的基础上，打下RCSCB、ATPFS及ATOCB等，故障发生后可以采用另一端正常的无线单元进行工作，并将车辆切换至CBTC运行模式，从而有效的对无线信息丢失故障进行处理，确保城市轨道交通列车能安全运行。

二、速度传感器常见故障分析

1. 故障现象

速度不稳定，忽快忽慢，甚至有时突然变为零或无速度显示。

2.故障发生原因

速度传感器故障发生原因可能是舌轴断裂或者卡死。

3.故障影响范围

速度传感器出现故障后会影响此列车车载信号系统,使其停止工作。

4.故障处理工具及备件

工具包括:万用表、活口扳手、JZ-1 转速校验台。

备件包括:舌轴、连接器、光电模块、电缆等。

5.故障处理流程

(1)如果列车正在运行时速度突变,首先检查连接器是否损坏,连接器是否有缩针,如有问题则需更换连接器;其次检查电缆是否破损而导致信号时有时无,如电缆破损则需更换电缆。

(2)如果列车正在运行时突然无速度,首先按照上述步骤进行检查;其次检查模块是否损坏,如有损坏则更换模块;再次检查舌轴是否断裂,如断裂则更换舌轴。

三、司机显示器 TOD 故障分析

(一)司机显示器 TOD 屏幕故障

1.故障现象

司机显示器 TOD 花屏或黑屏。

2.故障发生原因

(1)花屏原因:通信线接触不良或灯管老化。

(2)黑屏原因:TOD 故障或电源线出现故障。

3.故障影响范围

司机显示器 TOD 出现故障后会影响此列车车载信号系统,使其停止工作。

4.故障处理工具及备件

工具包括:尺寸为 T25 的十字螺丝刀。

备件包括:TOD 显示屏、电源线及通信线。

(二)TOD 通信中断

1.故障现象

列车运行过程中,TOD 屏提示 CC 通信中断,同时 TOD 上目标距离、目标速度、停车距离、信号模式、推荐速度、下站距离等信息全部消失,约 2~3 秒后又恢复正常状态,此故障会重复发生数次,导致运行列车多次下线。

2.故障分析

TOD 通信中断主要是由 PMC 板(接口控制板)元器件容量不匹配造成的。PMC 板为 CCTE(车载安全计算机处理器)板的子插件管理板,管理 CCTE 以太网通讯以及传感器输入。CCTE 板的作用是管理 ATO 功能,数据结果检查,处理器计算以及数据分享,其为三取二冗余配置。解决该问题的方法是将原 PMC 板中电容容量加大,加大电容抗干扰能力,提高继电器缓吸时间,随后对整列车辆的 PMC 板进行更换。

3. 故障处理措施

司机将列车停稳后将模式开关2切换至NRM位,电源断电,以此模式行驶至下一站停车。到达站后将电源开关合上,进行开关门作业后,以NRM(非限制人工模式)模式继续运行在两个站间区间。同时观察CC内各板卡是否点亮红灯(TIC板除外),到达第三个车站后司机在站台以NRM模式完成开关门作业,随后将模式开关2转至NOR,若列车有定位且IATP(点式ATP)模式可用,则将模式开关1转至IATP,按ATO发车,以IATP模式运行。

四、加速度计故障分析

1. 故障现象

加速度计能输出信号但是信号显示不正常,甚至有时不能输出信号。

2. 故障发生原因

电缆线与插头出现故障、模拟加速度计或数字加速度计出现故障。

3. 故障影响范围

如加速度计出现故障,会导致此列车车载信号系统停止工作。

4. 故障处理工具及备件

工具包括:便携式现场检验仪及便携式数字示波器。

备件包括:数字加速度计、模拟加速度计、电缆线及插头。

5. 故障处理流程

(1)如加速度计有信号输出但不正常,要按照以下程序进行处理。首先检查安装螺钉是否松动,如松动需要紧固螺钉;检查电缆线连接及插头是否接触不良,如接触不良需要紧固且重新连接。其次,检查电源是否满足要求,如不满足要求则处理输入电源。再次,检查加速度计的动静态输出,如不正常则立即更换。最后,重新启动加速度计并确认信号输出。

(2)如果加速度计不能输出信号,要按照以下程序进行处理。首先检查电源,如电源有问题则处理输入电源;检查插头、电缆线及连线是否有异常,如有问题则进行更换。其次,使用万用表或者示波器检查输出电压或数字波形。最后,重新启动加速度计并确认信号输出。

五、车载机柜常见故障分析

1. 故障现象

板卡出现故障、列车紧急停车、通信无法建立或灯位显示不正常。

2. 故障发生原因

车载机柜死机或者板卡故障。

3. 故障影响范围

如车载机柜出现故障,会导致此列车车载信号系统停止工作。

4. 故障处理流程

(1)板卡故障:对故障板卡进行更换,并再一次进行验证测试更换后的板卡是否能正常使用。

(2)车载机柜故障:断开车载机柜电源开关,断开几十秒后合上开关。

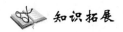 **知识拓展**

点 式 ATP

点式 ATP,是一种用车载计算机实现信息处理的点式传递信息系统,能达到列车自动保护的目的。它只有在通过预先设定好的固定信号点读取信号时,才能计算列车的运行速度和方向,车载计算出达到规定速度所要求的制动力,不能够实时获取前方信号的开放状态。而在非信号点时,则按照前一信号点给出的速度和方向运行。点式 ATP 是一种在 CBTC 无法启用的条件下使用的最常用的后备模式。车地通信不是无线,而是依靠有源应答器设备,如信标,计轴,信号机+ATP 防护,这时车地通信不是连续的,是点式的。

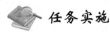 **任务实施**

1. 对本任务理论知识进行整理归纳,明确学习目标,准备学习参考资料。
2. 学生分组制定学习计划,预习下一个任务的相关知识。
3. 各小组讨论并分析车载信号设备故障。
4. 各小组间交流并汇报学习的结果。
5. 填写如下任务实施考核评价表。

任务实施考核评价表

考核内容	分值	标　准	学生自评	小组互评	教师评定
速度传感器常见故障分析	20	能熟练说出速度传感器的故障现象、故障发生原因、故障影响范围及故障处理流程			
司机显示器 TOD 故障分析	20	能熟练说出司机显示器 TOD 的故障现象、故障发生原因、故障影响范围及故障处理流程			
加速度计故障分析	20	能熟练说出加速度计的故障现象、故障发生原因、故障影响范围及故障处理流程			
车载机柜常见故障分析	20	能熟练说出车载机柜的故障现象、故障发生原因、故障影响范围及故障处理流程			
解决问题的能力	10	能否快速解决问题			
讨论问题的积极性	10	积极参与讨论问题			
成绩					
总成绩					

复习思考题

1. ATP故障的主要状态显示有哪几种?
2. 列举ATP设备出现故障的原因。
3. 简述车载ATP没有有效信息的定位方法。
4. 简述ATP按钮无效的定位方法。
5. 简述列车折返后,打开钥匙,AR灯仍闪亮的定位方法。
6. 简述列车自动关门的定位方法。
7. 简述列车不能关门的定位方法。
8. 简述ATO设备常见故障的定位方法。
9. 简述车载ATO没有有效信息的定位方法。
10. 简述列车ATO驾驶时冲出停车点的定位方法。
11. 简述列车在ATO模式下无牵引的定位方法。
12. 简述ATO按钮无效的定位方法。
13. 车载机柜(CC)出现故障会带来哪些影响?
14. 列车司机显示器(TOD)故障会带来哪些影响?
15. 速度传感器(EOSS)故障会带来哪些影响?
16. 加速度计故障会带来哪些影响?
17. 应答器查询天线(TIA)故障会带来哪些影响?
18. 车载MR无线天线故障会带来哪些影响?
19. 继电器故障会带来哪些影响?
20. 多普勒雷达故障会带来哪些影响?
21. 分析速度传感器的常见故障。
22. 分析司机显示器TOD的常见故障。
23. 分析加速度计的常见故障。
24. 分析车载机柜的常见故障。
25. 当列车在正线发生车载信号故障时的处理流程。
26. 列车在库内处理故障流程。

附录　车载信号设备故障案例

一、列车定位信息丢失故障案例

1. 案例一

2010年9月8日8:34,某城市轨道交通10803次列车在转换轨没有定位,切换至RM模式运行至B站下行仍无定位,重启车载CC后此故障仍然存在。随后切换至NRM模式运行至F站退出服务,备用车替开。

按照以往经验,此列车重启车载CC后仍未恢复定位,则可推断为此列车机柜内查询器主机或同轴电缆出现故障。

该城市轨道交通系统运营至今已发生数次列车在途径转换轨时定位信息丢失的情况,所以厂家应考虑优化转换轨处应答器的布置和轮径校准的时机,减少此类事件的发生。并且可根据实际情况修订《车载信号设备故障处理指南》,指导司机在发生此类故障时能有效进行处理。

2. 案例二

2014年6月7日10:09,11303(205)车在某站下行出站后不明原因FSB(全日常制动),停车约20s后缓解,10:29,运行至某站下行后紧急制动,随后切换至RM模式行车,到达终点站后恢复至点式;11:30分,11305(205)司机汇报,在某站下行进站前260m,此车不明原因FSB,停车后缓解制动;12:09分,行车调度员组织11305(205)到达终点站后下线回段,由备用车213车替开11306次。

205车回段后,车载信号专业人员对此车查询器天线及接头进行了检查,未发现任何异常;随后对该车进行了PMC(信息控制协议中间层卡)软件刷新,次日205车运行状况一切正常。所以得出此车发生以上故障的原因是PMC软件运行异常,建议加强日常检修维护。

3. 案例三

2012年7月10日8:40分,某城市轨道交通11304(202)列车在某站X1302信号机前掉码停车6s,随后切换至RM模式行车至某站恢复点式;10:10分,11301(202)在终点折返站下行出站紧急制动,点式丢失,停车45s,切换至RM模式运行至某站恢复点式,到达该站时延误6min;10:33分,11301(202)在某站下行不明原因FSB,因202车该日已经出现3次故障,故准备运行至终点站后下线回段;10:56分,11301(202)在某站下行出站9m处紧急制动,点式丢失,停车45s,切换至RM模式运行至某站下行恢复点式,到达某站时延误4min,到终点站延误3min,故准备下线回段,备车214替开11302。

故障列车回段后,车载信号专业人员对202车发生的故障进行检查,检测原因是同轴电缆故障导致读取应答器信息失败,列车定位丢失。故对同轴电缆接头进行了更换,并刷新了车载CC软件。

建议提出以下整改防范措施:加大同轴电缆的备货量,加强日常检修维护工作;更改应答器查询器连接线缆的安装位置,减少因列车震动对电缆产生的磨损。

4. 案例四

2013年5月1日11:00分,某城市轨道交通10606(202)车运行至某站上行S1006信号机前不明原因FSB,停车后切换至点式行车;15:39分,10616(202)车在某站上行S1006信号机前不明原因FSB,停车后点式缓解行车;16:10分,行车调度员组织此车在终点站下线回段,另一备用车203替开10617次列车。

列车回段后,车载信号专业人员对车载日志进行了查阅分析,初步认为产生上述现象的原因是没有读取到DT1004本地信标(动态信标)。同轴电缆故障导致读取应答器信息失败,列车定位信息丢失。次日,对202车6端查询器天线同轴电缆进行了更换。

建议提出以下整改防范措施:加大同轴电缆的备货量,加强日常检修维护工作;更改应答器查询器连接线缆的安装位置,减少因列车震动对电缆产生的磨损。

二、司机显示器TOD黑屏故障案例

1. 案例一

2009年5月7日,某城市轨道交通一列车在运行途中,司机显示器TOD显示出现异常,并时常伴有黑屏或花屏现象,此故障直接导致司机无法对列车的运行状态进行掌握,司机立即向行车调度员联系汇报TOD异常显示情况,经行车调度员同意后,司机将驾驶模式切换至NRM模式运行至终点站,退出服务。

列车退出服务后,车载信号专业人员立即赶赴现场向司机及行车调度员了解故障现象,并读取了列车的运行数据,之后对数据进行分析处理。同时对车载信号设备进行全面检查。

列车回段后,车载信号专业人员在驾驶室内检查TOD以及其连接设备,检查中发现TOD与CC机柜连接线弯头松动,列车在运行过程中产生的晃动导致数据传输不良,继而出现黑屏或花屏现象。

因为TOD连接线头安装在设备内部,对其进行维修保养只能打开设备进行,所以最好制定相应的维修规程,确保定期对各种连接线头进行紧固等日常维护,杜绝此类事故发生。

2. 案例二

2013年7月8日,某城市轨道交通一列车在运行途中,司机显示器TOD出现黑屏现象,此故障直接导致司机无法对列车的运行状态进行掌握,司机立即向行车调度员联系汇报TOD异常显示情况。因为列车正在ATO模式下运行,故TOD故障后列车可以继续以ATO模式运行,直至下线退出服务。

列车退出服务后,车载信号专业人员立即赶赴现场向司机及行车调度员了解故障现象,并读取了列车的运行数据,然后对数据进行分析处理。分析后检测到车载CC软件进程运行异常,导致数据传输失败,此情况是导致TOD黑屏的重要原因。

建议车载信号相关部门修订《车载信号设备故障处理指南》,并监督设备使用部门加强对司机、调度的培训,增加相关故障处理的经验,争取在最佳时间进行故障修复,消除此类事故对列车运营的影响。

3. 案例三

2013年8月24日7:13,10021(203)车在入段线出段时失去定位,DMI(人机交互界面)显示紧急制动重大故障,导致无法行车。列车回段后,对车载信号设备进行检查一切正常,重启车载CC后初始化成功。

次日,车载信号专业人员下载数据并进行分析:7:05,列车在T41365区段待令时,车载ATC监测到列车有倒溜现象,所以产生了倒溜紧急制动,且该类紧急制动无法进行缓解,必须重启车载ATC或切除ATC以NRM模式行车。

建议车载信号工班将分析数据发给相关人员,并督促其尽快分析并解决相关问题。继续加强监控,并对故障进行跟踪调查。

参考文献

[1] 赵跟党,张玮.城市轨道交通信号常见故障及应急处理[M].重庆:重庆大学出版社,2014.

[2] 邢红霞,张党国.城市轨道交通信号设备维护与保养[M].重庆:重庆大学出版社,2013.

[3] 邢红霞,李乐.城市轨道交通信号系统[M].重庆:重庆大学出版社,2013.

[4] 房瑛,雷锡绒.城市轨道交通信号终端设备操作与行车[M].重庆:重庆大学出版社,2013.

[5] 上海申通地铁集团有限公司轨道交通培训中心.城市轨道交通信号技术[M].北京:中国铁道出版社,2014.

[6] 刘晓娟,张雁鹏,汤自安.城市轨道交通智能控制系统[M].北京:中国铁道出版社,2008.

[7] 于清云.城市轨道交通信号系统功能探究[J].信息技术与信息化,2014(4):180-182.

[8] 褚延辉,康鹏,苗吉祥.城市轨道交通司机信号系统结构与维修[M].北京:机械工业出版社,2012.

[9] 何宗华,汪松滋,何其光.城市轨道交通通信信号系统运行与维修[M].北京:中国建筑工业出版社,2007.

[10] 王青亮.客运专线列控车载设备维修技术及标准化研究[D].北京交通大学硕士学位论文,2011.

[11] 关于发布《CTCS-3级列控车载设备人机界面显示规范》的通知.运基信号〔2008〕670号.

[12] 关于发布《CTCS-2级列控系统车载设备维护办法(暂行)》的通知.运基信号〔2007〕159号.

[13] 关于发布《既有线CTCS-2级列控系统车载设备技术规范(暂行)》的通知.科技运〔2007〕45号.

[14] 姜萍.机车信号设备故障的分析处理[J].铁道通信信号,2011,47(5):31-34.

[15] 刘志涛.地铁车辆CBTC系统车载信号常见故障归类分析[J].科技创新与应用,2013(15):121.

[16] 李若洁.地铁车辆CBTC系统车载信号常见故障探析[J].中国新技术新产品.2014(8):15-16.

[17] 尚峰.车载信号设备在城市轨道交通中的应用[J].城市建设理论研究(电子版),2013(21).